AF174437

BAJO ESTE CIELO ABIERTO

TEZONTLE

GERARDO PISARELLO

Bajo este cielo abierto

Viajes, amor y revolución

FONDO DE CULTURA ECONÓMICA

Primera edición, 2026

Pisarello, Gerardo
    Bajo este cielo abierto. Viajes, amor y revolución / Gerardo
Pisarello. – Madrid : FCE, 2026
      124 p. ; 21 × 14 cm – (Colec. Tezontle)
      ISBN 978-84-375-0857-3

    1. Narrativa 2. Crónica de viajes 3. Autobiografía 4. Lite-
ratura española – Siglo XXI I. Ser. II. t.

LC PQ6652   Dewey 863 P617b

Distribución mundial

© 2026, Gerardo Pisarello

D. R. © 2026, Fondo de Cultura Económica de España, s. l.
Calle Fernando el Católico, 86; 28015 Madrid
www.fondodeculturaeconomica.es
editor@fondodeculturaeconomica.es

Fondo de Cultura Económica
Carretera Picacho-Ajusco, 227; 14110 Ciudad de México
www.fondodeculturaeconomica.com

Diseño de portada: Laura Esponda Aguilar

Se prohíbe la reproducción total o parcial de esta obra, sea cual fuere
el medio, sin la anuencia por escrito del titular de los derechos.

ISBN 978-84-375-0857-3
DL M-3093-2026

Impreso en España · *Printed in Spain*

ÍNDICE

ODISEA

Vane tenía un apego a la vida mucho mayor al mío. Un día, al verme rondar el comedor como un león enjaulado, se acercó y me acarició la cara. Luego me dijo que si temía por mi gente, debía viajar a Argentina sin dudarlo.

Un año después, era yo quien la acariciaba a ella, abatida por un cáncer que no dio tregua. Arrullados por el mar de Barcelona, intentamos distraer a la muerte entre bailes y abrazos. Al final, Vane voló como uno de esos gorriones que solían posarse en el limonero de nuestra terraza.

Al mes y medio de aquel duelo inesperado, recibí una llamada desde el otro lado del océano. Mi hermana mayor, Tatá, acababa de sufrir un ataque letal al corazón. Me quedé paralizado. Era como si un Dios ruin, inescrutable, quisiera zarandearme como al Job bíblico, lanzándome un golpe detrás de otro.

Vane no solo me insistía en que fuera a Argentina si el triunfo de la ultraderecha me inquietaba. También pensaba que solo una buena terapia podría aliviar el trauma del asesinato de mi padre, ocurrido cuando yo tenía cinco años. Lo cierto es que nunca pude ni quise dar ese paso, y siempre encontraba una excusa para postergarlo.

Durante los años de plomo de la dictadura militar, mi madre, Aurora Prados, Aurorita, hizo gala de una inteligencia emocional que todavía hoy me conmueve. Si me veía alicaído, solía animarme con una frase muy suya: "¡Salte de la cama y muestre los dientes, Gerardito!". Esa consigna nos permitía afirmar la dignidad cuando todo invitaba al abandono. Sonreír y mostrar los dientes por encima de las cicatrices.

Ahora, sacudido por las sucesivas muertes de mi mujer y de mi hermana mayor, y por el inquietante escenario político que se abría en Argentina y en el mundo, hice todo lo posible por mantener la calma, como recomiendan los estoicos, y por no perder la sonrisa, como quería mi madre.

La idea de emprender mi peculiar odisea comenzó a tomar forma: podría volar de Barcelona a Buenos Aires y desde allí atravesar el país de sur a norte. Mi destino final sería Tucumán, mi provincia natal. Allí me reuniría con lo que quedaba de mi familia y tal vez podría asistir a las movilizaciones del 24 de marzo, en el 49.º aniversario del golpe de Estado de 1976 que segó la vida de mi padre, Ángel Gerardo Pisarello.

Ir a Tucumán, y hacerlo con amigos, se había convertido en una necesidad, ya que en situaciones extremas nadie se salva solo, como bien recuerda *El eternauta* de Héctor Germán Oesterheld.

Esa había sido mi experiencia con Vane. Ni ella ni yo podríamos haber sobrellevado su enfermedad sin las amigas y amigos que nos acompañaron solidariamente y con los que también compartimos ideales y luchas.

Para trazar mi plan, recurrí a dos de ellos: Mario Santucho y Nati Fontana. Ambos conocían a Vane y estuvieron cerca de nosotros en los momentos finales de su enfermedad. También había otros lazos poderosos que nos unían. Mario, Nati y yo tenemos parientes represaliados durante la dictadura argentina. Nati perdió a su tía Liliana, que todavía hoy continúa desaparecida. Mario, a su madre, también desaparecida, y a su padre, muerto en un enfrentamiento con el ejército.

Ángel Pisarello y Mario Roberto Santucho se forjaron en el parsimonioso y díscolo norte argentino. Mi padre nació en Corrientes en 1916. Santucho, en Santiago del Estero, veinte años más tarde. A pesar de la diferencia de edad, ambos fueron jóvenes en un tiempo en que la Revolución cubana, la derrota de Estados Unidos en Vietnam y la música de Jimi Hendrix y Nina Simone hacían pensar que el mundo podía cambiar de base.

Ángel Pisarello fue un disidente dentro de la Unión Cívica Radical, un partido surgido de un levantamiento en armas dirigido a conquistar el sufragio universal masculino a finales del siglo XIX. Se pasó la vida combatiendo a su ala más conservadora y en los años sesenta se acercó nítidamente al movimiento obrero y estudiantil desde posiciones de izquierda.

Roberto Santucho siguió a un hermano suyo durante la creación en Santiago del Estero del Frente Revolucionario Indoamericano Popular. Cuando la represión fue creciendo, participó en la fundación del Partido Revolucionario de los Trabajadores y del guevarista Ejército Revolucionario del Pueblo, del que llegó a ser el principal dirigente.

Mario y yo crecimos en países muy distintos. Él, en una Cuba todavía vibrante y creativa, a pesar del bloqueo estadounidense. Yo, en el amordazado y apaleado norte argentino. Él, como el hijo de un héroe, junto a una familia de Rosario que pudo sacarlo del horror siendo un recién nacido. Yo, como vástago de un abogado asesinado que durante la dictadura no podía siquiera ser nombrado.

La muerte de mi padre dejó a mi madre sin techo ni bienes. Con mis hermanas ya casadas, ella y yo nos vimos forzados a vivir en casa de una tía, que nos acogió con generosidad, pero también con miedo.

Ella, Anita, y su marido Rafael me dieron mucho amor. A cambio, Ángel Pisarello fue desterrado de nuestra vida cotidiana. No se lo mencionaba en las conversaciones ni se hacía esfuerzo alguno por mantenerlo presente. Cuando nos quedábamos a solas, por las noches, mi madre intentaba susurrarme al oído lo que estaba ocurriendo en aquel país en permanente estado de sitio. En medio de aquella sigilosa clandestinidad, no era infrecuente que mi tía irrumpiera de golpe para preguntarle de qué hablábamos en secreto. Vigilada en la calle y en su propia habitación, mi madre se quedó en los huesos y trabajó hasta la extenuación para resguardar su independencia.

En casa de mi tía, como en muchos otros hogares argentinos, los desmanes cometidos por la dictadura eran pasados por alto, cuando no justificados. En fútbol, mi padre era de Boca. A mí me hicieron de River. Él vivió para el compromiso político y social. A mí se me inculcó la antipolítica. En medio de esta peculiar bastardía, crecí y me configuré, hijo de la persistente dignidad de mi madre y del fantasma proscrito de mi padre.

Aurorita Prados me parió con cuarenta y dos años, a catorce de mi hermana menor. A pesar de ser el pequeño de la casa, psicológicamente y en muchos otros asuntos, me crie como el mayor.

El pozo de miedo y recelos que la dictadura cavó en la sociedad hizo que Mario y yo tardáramos en cruzarnos. Durante la represión, se hizo todo lo posible por separar a mi padre de la figura de Santucho y de otros detenidos a los que amparó. Se fraguó así un Pisarello despolitizado, que habría defendido a jóvenes militantes como un mero reflejo profesional desprovisto de todo compromiso mayor.

Cuando nos conocimos, en 2015, Mario venía de participar en el Colectivo Situaciones y frecuentaba movimientos sociales de Barcelona. Al calor de las protestas contra la crisis financiera de aquellos años, mi amiga Ada Colau acababa de ser elegida alcaldesa de la ciudad, la primera mujer y de clase popular. Yo había dejado mi puesto de profesor en la Facultad de Derecho para con-

vertirme también en el primer vicealcalde de origen latinoamericano.

Desde entonces, Mario, Nati y yo no hemos vuelto a
separarnos. Mario es un activista social sin partido, edita
una inspiradora revista llamada *Crisis* y se considera un
respetable jugador de béisbol. Nati es una feminista militante y fue sindicalista en el mundo de la aeronavega-
ción. Yo he sido maestro casi toda mi vida. Estuve unos
años en el Ayuntamiento de Barcelona y luego fui elegido
diputado en el Congreso, en Madrid. Me he roto los me-
niscos, los ligamentos anteriores, y a estas alturas no puedo presumir de destreza deportiva alguna.

Una noche, Nati y Mario coincidieron en la terraza de
casa con Ada, que acababa de dejar su cargo de alcaldesa y llevaba días acompañando a Vane en su cáncer con
mucha entrega y cariño. Bebimos, charlamos largamente
y entre otros temas nos preguntamos si era lícito que los
padres intentáramos sumar a los hijos a nuestro compromiso político.

Mario sostenía que al menos en los años setenta esto
era evidente. Si se tenía descendencia era para hacerla
partícipe de un mundo nuevo que parecía al alcance de
la mano. Hija de otro contexto, Ada pensaba que sí, pero
que la política no podía colonizarlo todo y que era importante que los jóvenes persiguieran con libertad sus
propios deseos.

Vane y yo no teníamos las cosas muy claras. Criamos
a nuestros hijos Dani y Lua alternando frágiles intentos
de planificación con la improvisación más absoluta. Lo
que siempre tuvimos, eso sí, es una gran confianza en los
jóvenes. Porque tienen la energía para llevar ideales nobles a la práctica y porque cuando se entusiasman con
un sueño colectivo, pueden ser imparables. En mi trabajo como profesor, y también en la política, de lo que más

he disfrutado es de mi contacto con ellos, con sus anhelos y con esa descarada manera que tienen de convocar lo que a veces parece imposible.

Cosidos a una misma estrella, Mario, Nati y yo compartimos audios, risas y un empeño incesante: mantener vivas las ansias de emancipación de quienes nos precedieron. El *road trip* por la tierra en la que lucharon nuestros antepasados se concretó con poca antelación. Yo venía rumiando el viaje como una ceremonia de depuración. Quería reencontrarme con mis muertos, celebrar la *filia*, la amistad política aristotélica y pensar las formas que el compromiso social debía adoptar en nuestro tiempo.

La chispa que precipitó la decisión de dar el salto se produjo una tarde de febrero. Ese día se estrenaba en los Cines Verdi de Barcelona una película que me sacudió íntimamente: *Ainda estou aqui* —*Aún estoy aquí*—, del director brasileño Walter Salles. Yo había disfrutado mucho de *Diarios de motocicleta*, un filme anterior de él que retrataba los viajes del Che Guevara entre campesinos menesterosos y montañas desoladas de la América profunda. Aquella película me conmovió. *Ainda estou aqui* resultó ser algo más: un retrato de mi historia personal y de la de mi familia.

La película de Salles se sitúa en el Brasil de inicios de los años setenta. El exdiputado laborista Rubens Paiva regresa a Río de Janeiro tras algunos meses de exilio. Retorna con su esposa Eunice y sus cinco hijos y se instala en una casa idílica cerca de la playa de Leblon.

La vida cotidiana es plácida y en principio previsible. Los baños en la playa, las fiestas en casa con discos clandestinos, las conspiraciones aparentemente inocuas. Sin embargo, un día ocurre algo que lo trastoca todo. Los militares deciden entrar en una guerra abierta contra un pueblo que no quiere una nueva dictadura. El futuro que se anunciaba feliz queda anegado en un clima denso, asfixiante. Rubens Paiva es secuestrado, desaparece y al final lo matan.

En la larga noche latinoamericana, Rubens Paiva y Ángel Pisarello son figuras intercambiables. También sus respectivas familias. Rubens Paiva es secuestrado en enero de 1971, cinco años antes que mi padre. Cuando ocurre, Eunice lo pierde todo. Tiene que sacar adelante a su familia entre penurias y mantener viva la memoria de su marido. Igual que mi madre. Muchas secuencias de la película parecen inspiradas en nuestra historia.

Los militares abusones, insolentes, que irrumpen en la casa de los Paiva, son los mismos que entraron en la mía. En sus hijos desesperados puedo verme a mí, con cinco años, pidiendo a los secuestradores de mi padre que le permitieran llevarse sus anteojos porque sin ellos no podía leer. La angustia de Eunice es la angustia de mi madre. Sus descarnados gritos en Leblon, los mismos que escuché la mañana en que Aurorita Prados supo que su marido había aparecido asesinado en un parque de Santiago del Estero.

Tras la muerte de Rubens, la familia Paiva se vio forzada a un duro exilio interior y exterior. La mía también. Mis hermanas Tatá y Ani quedaron atrapadas en Tucumán y se vieron recluidas en un mundo sombrío y precario. Reini, mi hermana del medio, tuvo que marcharse a Porto Alegre, a un apartamento de la avenida Professor Oscar Pereira donde jugué y canté *"Pai, afasta de mim esse cálice"*, de Chico Buarque y Milton Nascimento, sin entender todavía su significado.

No todo, obviamente, eran coincidencias. A diferencia de los Paiva, mi familia no podría haber tenido nunca, por obvias razones de clase, una casa como la suya, en Leblon. Lo más parecido, quizá, fue el excepcional año en que mi padre fue designado embajador del Gobierno argentino en Tanzania, en los años sesenta. Todavía con-

servo algunas cintas de super-8 de aquel singular paréntesis africano. En ellas, mis hermanas aparecen chapo-
teando en una piscina en Dar es-Salam. Mi madre toma
el sol con una sonrisa juvenil y entusiasta, ajena al vara-
palo que recibirá años después. Quien lo filma todo, de
manera inconexa, es mi padre. Alguna vez mis hermanas
lo filman a él. Gracias a eso puedo evocarlo hoy, con las
piernas largas, larguísimas, y las rodillas huesudas.

Hay un momento en el que mi madre aparece acoda-
da en el balcón de un apartamento. Al fondo puede verse
una fila de acacias y un mar de un azul intenso. De im-
proviso, mi padre entra en escena. Abraza a mi madre
por la espalda y ambos miran a la cámara con una sonrisa inocente. He visto esa imagen decenas de veces, una
y otra vez. Se la mostraba a Vane y también yo la abraza-
ba a ella para prolongar en el tiempo aquel íntimo ritual.
Me gustaba que mi madre apareciera feliz, como Eunice
Paiva mientras bailaba con Rubens, y como la propia
Vane el día de enero en que, en el vestíbulo del Hospital
de Sant Pau, le pedí que nos casáramos.

Al acabar la película, sentí una pena sorda y esa rabia
volcánica de los hijos que de niños vieron cómo golpea-
ban a sus padres.

Si no fuera por una amiga, la escritora Eva Piquer, no
podría haber salido en pie de la sala de cine. Eva también
había perdido a su marido tras un largo cáncer, y había
publicado en catalán un libro muy bello, *Aterratge,* que
me ayudó a entender mi peculiar mundo de duelos su-
perpuestos.

Ahora salíamos juntos de ver la película de Salles y yo
sentía que una jauría de hienas me rondaba el vientre.
Si pude regresar íntegro a casa fue gracias a la entereza
de Eunice Paiva, quien, acosada en las calles por los pu-
ñales de sus captores, instaba a sus hijos a mantener la
cabeza en alto y a no perder la sonrisa. Mi madre actuó

del mismo modo. Su "¡Salte de la cama y muestre los dientes, Gerardito!" me ayudó a ir por la vida con aplomo, pero sin renunciar a esa ternura vigilante, siempre precaria, de la que hablaba el Che.

Desde entonces, he procurado hacer mía esa exhortación y preservarla frente a mis demonios interiores. También he intentado legársela a mis hijos, sobre todo porque Vane hizo del sentido del humor su bandera, incluso cuando el cáncer hacía ya estragos en su cuerpo.

Aquel día, al salir de los Verdi, pensé en mi madre y en mis hermanas. También en Vane y en mis hijos que bien podrían decirse, como los Paiva: "A pesar de todo, aún seguimos aquí".

En el fondo, mi pequeña familia y yo nos encontrábamos en pleno invierno, desnudos ante un cruce de caminos. Podíamos anclarnos en la nostalgia y en la benigna tristeza que suele acompañarla. Pero también respirar, levantar la mirada, y hacer caso a esa voz interior que, según el poeta catalán Miquel Martí i Pol, nos musita al oído: "*Camina. Hi ha gent per fer-te companyia. No et refusis a cap dels horitzons que et criden*".

En un momento personal y político extremo, obligarme a viajar, abrirme a los horizontes que me llamaban en medio de una tormenta de cenizas no era un asunto fácil. Me forzaba a confiar en lo imprevisible y a imaginar un futuro por construir cuando lo único que tenía delante era un cielo tapado que me oprimía el pecho.

Desde el fondo de ese pozo lóbrego, me puse en la piel de mi madre, de Vane, de mi hermana Tatá. Decidí que lanzarme a Ítaca era la mejor manera de convocarlas. Y no solo a ellas: también a los espectros de quienes nos precedieron con sus luchas y sus sueños.

Como en el relato de Homero, sabía que los cíclopes que en el pasado habían intentado devorarnos buscarían cerrarnos el paso. Para protegernos, solo nos quedaba

recrear la estratagema de Ulises: hacernos pasar por Nadie y prepararnos para embriagarlos o clavarles una es-
taca si nos volvían a atacar.

Ligero de equipaje, me propuse mostrar que, a pesar
de las pérdidas y de las heridas, los Paiva, los Pisarello,
los Santucho seguíamos aquí. Con memoria, sin miedo y
sin grandes esperanzas, pero con determinación. Abiertos a los nuevos horizontes que pudieran emerger en este
mundo desquiciado que nos ha tocado, a menudo tan
feroz y, sin embargo, lleno de belleza y vida.

HERMANOS

Cuando Mario, Nati y yo nos disponemos a emprender nuestra singladura a Ítaca y al fondo de nosotros mismos, la mañana es de una claridad completa. Salimos de su casa de Villa Urquiza, Buenos Aires, en la calle Manuela Pedraza. El día de nuestra partida no somos conscientes de que Manuela, además de tucumana, fue también una guerrillera. Madre soltera, luchó por la reconquista de la ciudad durante las invasiones inglesas de 1806, vio caer a su hombre en plena batalla y recogió su fusil del polvo y ultimó al soldado inglés que le había disparado.

Así, nos preparamos física y espiritualmente para lo que nos espera. Nati, a quien las diosas han concedido el don de los masajes, me regala uno. Dice que no es lo mismo lanzarse a una odisea con las emociones tensas que ablandadas. Yo le doy la razón. Me desvisto, me estiro en la camilla algo rígido y pienso en Vane, que siempre le pedía a mi cuerpo que soltara amarras y se dejara ir mar adentro como una barca apacible.

En la casa de Mario y Nati vive también la Negrita, su perra. Mientras Nati hace su trabajo, la Negrita me observa detenidamente y apenas mueve la cola. Luego se estira también ella en un rincón. La calma le dura poco. Cuando acabamos y comenzamos a preparar las mochilas, ladra y comienza a jadear ansiosa. Nati la alza en brazos y la acaricia para tranquilizarla. No hay manera. Sospecha que planeamos salir sin ella y no entiende por qué. Como Nati y como Mario, la Negrita es una perra entrañable y obstinada. Al final nos permitirá irnos. Antes, corretea

frenética, pasillo arriba y abajo, en protesta por una ex-
clusión que se le antoja incomprensible.

Me cae bien la Negrita y los perros en general. No dis-
cuto los aires aristocráticos, nietzscheanos, de los gatos,
pero siempre he tenido un costado más perruno, cercano
a la variante más plebeya de los chuchos.

No todo el mundo es así. Mi amiga colombiana María
José Pizarro, a quien conocí en Barcelona, profesa sin
distinción su cariño por gatas, perras y plantas. Como Mario, María José es hija de otro emblemático guerrillero
latinoamericano: Carlos Pizarro Leongómez. A diferencia
de Santucho, hijo de abogado, Pizarro descendía de una
familia de militares de alcurnia. Su padre había sido almirante y le había enseñado que el Ejército debía servir
al pueblo con honra. Cuando vio a los militares cómplices
del fraude político y del despojo de los más humildes, se
implicó, en los años setenta, en la fundación de una guerrilla: el Movimiento 19 de abril, conocido como M-19.

Carlos Pizarro y los suyos tomaron las armas para conquistar la democracia y para poner freno a la desbocada
violencia estatal y paraestatal. Tras experimentar en carne
propia las contradicciones y límites de esa opción, decidieron que había que intentar desarmar a los opresores
del pueblo por vías no violentas. Pizarro se presentó a las
elecciones presidenciales con una consigna esperanzada:
"Que la vida no sea asesinada en primavera". Las oligarquías colombianas la decapitaron antes de nacer. Envia-
ron un sicario al avión que lo llevaba de Bogotá a Barran-
quilla y le barrieron la cabeza a balazos.

Para descifrar a su padre, María José compiló una se-
rie de cartas y escritos suyos. La antología se titula *De su
puño y letra* y se abre con una dedicatoria impactante:
"A los hijos e hijas de la insurgencia armada, seres anónimos que crecieron en la clandestinidad y la persecución, porque son testimonio vivo de la existencia de sus

padres, testimonio de un amor sin odios, de resistencia y dignidad".

Ángel Pisarello no fue guerrillero, pero como abogado y como militante mantuvo una relación estrecha con aquella generación de jóvenes que se levantaron contra la represión de los poderosos.

María José siempre ha planteado un vínculo autónomo y orgulloso con ese pasado. No para repetirlo, pero tampoco para renegar de él. Al acercarse a Carlos Pizarro, asegura hacerlo "como la hija que pare al padre para entregárselo de nuevo al mundo, renacido y libre".

Antes de implicarse en la política colombiana junto a otro exmiembro del M-19, el presidente Gustavo Petro, María José vivió unos años en Barcelona. Desde entonces hemos construido una amistad que ha ido creciendo a una orilla y otra del Atlántico.

Un día, María José nos contó cómo su padre y otros miembros del M-19 robaron la espada del libertador Simón Bolívar para devolvérsela al pueblo colombiano. A Vane no le dijo mucho la anécdota. Yo quedé fascinado. De joven había cultivado una genuina admiración por Bolívar y por quien fuera su compañera de desvelos, la quiteña Manuelita Sáenz. A mis veintipocos años me pasaba horas leyendo y releyendo un libro titulado *Patriota y amante de usted*. En él se recogen encendidas cartas entre Manuela y Simón que dan cuenta de la atracción y del ímpetu revolucionario que los unía.

"El hielo de mis años —le escribía a Manuela el último Bolívar— se reanima con tus bondades y gracias. Yo no puedo estar sin ti. No tengo tanta fuerza como tú para no verte. Te veo, aunque lejos de ti. Ven, ven a mí, tuyo del alma".

Por esa misma época, yo había urdido un grupo de música de consumo acotado con dos compañeros de secundaria, Andrés Garmendia y *Polilla* Gómez López. Decidimos llamarnos Los Atormentados de Siempre, una descripción con innegables elementos proféticos. Entre los éxitos de Los Atormentados había uno, muy latinoamericanista, que hablaba de la pasión y de los anhelos revolucionarios de Bolívar y Sáenz. Aún hoy me descubro, semiclandestino en la siesta tucumana, cantando con mi guitarra de zurdo dudosamente afinada: "Como Simón andaba sembrando rebelión, los imperialistas fueron a arrancarle el corazón. Pero una noche de luna él se escapó por un balcón, Manuela los distrajo cantando esta canción: Simón y Manuela se aman en el mar, no quieren esclavos, solo libertad".

Tras perder a Vane, frecuenté muchas historias de duelos. También el de Manuelita Sáenz, quien a diferencia de lo que me pasó a mí, no pudo estar junto a Bolívar en su lecho de muerte, en la Quinta de San Pedro Alejandrino. Para compensarlo, conservó prendas y cartas suyas, protegió su archivo personal y combatió las calumnias de sus enemigos políticos durante el resto de su vida.

Los hijos e hijas de represaliados solemos tener con el exilio una relación muy íntima, que puede adoptar muchas formas. Yo mismo crecí en el exilio interior de un Tucumán saturado de ruido y furia. Nos alimentábamos felices de librerías de segunda mano y del perfume anestésico de los lapachos en flor. Pero cada rincón de creatividad, cada esquina cómplice vivían amenazados por una presencia nauseabunda, como de azufre, que la dictadura había dejado en el ambiente. Por eso la hipótesis del viaje, de la huida, siempre estaba presente.

Yo hice tres viajes decisivos fuera de aquella Ítaca originaria que, en apariencia, no cambia nunca, pero que sigue albergando en sus barrios desvencijados, en su memoria insumisa, la promesa de un tiempo nuevo. El primero fue a Menlo Park, en California, donde cursé mi último año de secundaria gracias a una beca. El segundo fue a Madrid, donde, también mediante ayudas, realicé mi doctorado en Derecho Constitucional. El tercero y decisivo fue a Barcelona. En esa ciudad republicana en la que las estrellas llegaron a ser fuego, conseguí vivir como profesor y pude rescatar, del fondo de mi biografía, la voz inconformista y silenciada de mis ancestros.

Como ocurre a menudo, nada podía anticipar que Vane y yo nos cruzaríamos. Yo había crecido en Tucumán, en la periferia argentina, en un tiempo en que el silencio y el terror dominaban la vida cotidiana. Vane, en la siempre moderna Barcelona, entre las inercias del casposo régimen franquista y la emergencia de poderosas expresiones de protesta política, social y cultural.

Yo fui a una escuela primaria pública, en plena dictadura, y luego estudié con los salesianos. Eran gente buena que afianzó mi identificación con los más humildes. Y aunque no tenían inquietudes intelectuales elevadas, contaban con figuras singulares como el padre Posadas, quien nos aseguraba que Mao Zedong había sido uno de los políticos más comprometidos con el sermón de la montaña de Jesús de Nazaret.

La educación de Vane fue diferente. En sus primeros años sufrió a unas monjas alemanas severísimas, de las que tenía un mal recuerdo. Luego, en un buen momento económico de sus padres, consiguió estudiar en Súnion, una de las escuelas más alternativas y renovadoras de Barcelona.

Nuestros viajes al extranjero nos transformaron a ambos. Mientras yo aterrizaba en una California que me recibió con *Down in the boondocks,* de Ry Cooder, Vane hizo un viaje de egresada a Rusia, donde visitó la tumba de Lenin. Tiempo después, yo regresé a Argentina y Vane se mudó a Costa Rica, ya que sus padres decidieron abrir allí un restaurante. De esa época de su vida vendría uno de nuestros grandes desencuentros musicales: su crítica

burlona a los seguidores de Silvio Rodríguez. Vane me
decía que *Unicornio azul* le recordaba a unos adolescentes
ticos de pelusilla por bigote que lo imitaban sin gracia en
cuanta fiesta se les cruzaba por el camino. Yo le aceptaba
la broma, pero no renunciaba a colocar a Silvio en lo más
alto de la música y de la lírica latinoamericanas.

Aunque rescataba cosas de aquel pequeño paraíso cen-
troamericano, Costa Rica había sido algo así como un
freno para Vane. Para mí, en cambio, el viaje a California
supuso un salto decisivo en el momento justo. Pasar de
Tucumán a un mundo de *hippies* y de ricos frívolos que
se volvían locos con Guns N' Roses me hizo madurar de
golpe y consolidó mis inquietudes políticas más profundas. Rodeado de paisajes paradisíacos y mecido por el
suave clima del Pacífico, asistí a clases de Literatura en
la Universidad de Berkeley. También frecuenté actos del
reverendo Jesse Jackson —una suerte de Luther King
tardío situado a la izquierda del Partido Demócrata— y
trabajé con refugiados de El Salvador que huían de la guerra y aprendían poemas de Roque Dalton para poder hacer la revolución.

Mi temprano vínculo afectivo con lo que José Martí
llamaba "Nuestra América" me hizo vivir con contradicciones mi fascinación por California. Sabía que aquello
era la cueva de un cíclope mayor, que tenía restos de sangre entre los dientes y que llevaba siglos alimentándose
de un racismo y un clasismo insoportables.

Ante ese panorama, yo habría querido, como Federico
García Lorca en Nueva York, haberme dicho: "¡Ay, Harlem! No hay angustia comparable a tus rojos oprimidos,
a tu sangre estremecida dentro del eclipse oscuro, a tu
violencia granate, sordomuda en la penumbra, a tu gran
rey prisionero en tu traje de conserje".

Sin embargo, aquellas palabras no me servían para
captar una California en la que, a pesar de todo, seguían

latiendo con fuerza las grandes revueltas culturales y políticas de 1968. Sin siquiera haber vivido en Buenos Aires, yo pasé directamente de Tucumán a una familia de migrantes indios que admiraban por igual a los Beach Boys y a Jawaharlal Nehru. Eran gente muy agradable, conocedores de la Conferencia anticolonialista de Bandung de 1955 y de la manera en que sentó las bases para la creación del Movimiento de Países No Alineados.

Aquel 1989 vi, recién estrenada, *Do the right thing,* del genial y combativo Spike Lee, y me pasaba las tardes rapeando el *Fight the Power* de Public Enemies. Poco después fui a dar a la casa de unos profesores de Literatura que adoraban los cuentos de Juan Rulfo, llenos de demonios y susurros. Y también, como en las películas gringas, tuve una novia rubia, muy *wasp* y muy dulce, Judy, a quien le componía baladas que mezclaban versos insurreccionales de Dalton con imágenes de *Desolation Row*, de Bob Dylan.

Cuando me fui a vivir con Vane, ella fue incorporando a su vida estos pasados espectrales que me perseguían como manchas que mudaban de luz y de color según el día. Casi siempre lo hizo con gusto, aunque no faltaron algunas quejas. Vane compartía mis ideas, pero tardó en desentrañar el mundo primigenio que las había forjado. Lo que más nos conectó fueron otras fuerzas previas: el sentido del humor y, desde luego, la piel.

Ante la lógica incredulidad de sus hermanas y de cualquiera con buena vista, Vane decidió que había tenido un flechazo con una suerte de Humphrey Bogart latino. Lo dejó todo y vio clarísimo que teníamos que casarnos. Yo me resistí, espantado por aquel entusiasmo sin riendas y porque venía de una relación muy larga. Según mis tesis, primero teníamos que sortear juntos los escollos de Escila y Caribdis, conocernos mejor, y solo entonces celebrar una boda como premio a lo construido.

Vane siempre vio esas excusas como una variante vulgar de la mezquindad. No entendía mis prevenciones. Tampoco mis sermones sobre ese momento culmen de la relación para el que había que trabajar afanosamente, pero sin fiesta.

Al llegar el cáncer, mis reticencias se revelaron absurdas. Mientras pasaba de un médico a otro en los pasillos del Hospital de Sant Pau, sentí vergüenza y pedí al destino que me diera una nueva oportunidad. Me fue concedida y, del mismo modo que compartimos sueños y nos acompañamos en momentos difíciles, Vane y yo pudimos celebrarnos con una boda balcánica digna de una película de Kusturica.

Nuestros viajes a Tucumán ayudaron a mi familia a entender la génesis latinoamericana de muchas de mis neurosis acumuladas. Vane solía decirme que yo tenía una suerte de radar en el cuerpo que me hacía ver en un mosquito una amenaza de muerte. Al final, llegó a la conclusión de que la dictadura había hecho tanto daño a toda una generación que estuvo a punto de estropearle al compañero y al padre de sus hijos.

Poco antes de que Vane tuviera que internarse, conocimos a otra hija especial de la insurrección latinoamericana del siglo xx: la cantante y rapera francochilena Ana Tijoux. Tras muchos años entre Francia y Chile, Ana llevaba un tiempo largo viviendo en Barcelona con sus hijos. Además de ser una gran música, también es una apasionada de los Estados Unidos resistentes que descuellan en el rap, el hiphop y otros géneros rebeldes. Aunque tenemos amigos en común, lo que más me unió a ella fueron las historias paralelas de su hermana Tania y de Vane.

Tania había dedicado mucho tiempo a cuidar a pacientes oncológicos. Como venganza por esa entrega, el cáncer la golpeó a traición y la arrastró a su madriguera más oscura. En mis encuentros con Ana hablábamos de nuestros duelos comunes y de nuestro compromiso con América Latina y sus gentes. En aquellas conversaciones conocí mejor la historia de sus padres, militantes en otra organización insurgente, el Movimiento de Izquierda Revolucionaria, más conocido como MIR.

Vane y yo nos habíamos familiarizado con la historia del MIR a partir de *Calle Santa Fe,* un documental sobre el jefe de esta organización, Miguel Enríquez, caído en un enfrentamiento contra los sicarios de Augusto Pinochet. En aquella película se relata una historia que va de los luminosos días de la Unidad Popular a los años sombríos de la dictadura y que pone a debate la cuestión del legado de Salvador Allende.

Comentando aquel documental, Ana y yo recordamos una entrevista al escritor chileno Roberto Bolaño en la que decía que el 11 de septiembre de 1973 muchos jóvenes sintieron que Allende había sido un conservador al no entregarles armas para luchar y al enviarlos a casa hasta que se abrieran "las grandes alamedas". Sin embargo, él mismo admitía que con el tiempo vio la nobleza de Allende, quien en realidad había aceptado morir para que muchos de ellos pudieran escapar o simplemente sobrevivir.

En esa misma conversación, le conté a Ana la historia de Mario y le expliqué la rarísima sensación que experimentamos el día que visitamos juntos el Museo del Estallido Social, en Santiago. Allí vimos fotos e incluso una escultura del Negro Matapacos, un perro callejero que acompañaba las marchas estudiantiles en Chile con una actitud desafiante ante la policía. A pesar de haberse convertido en un héroe popular muy querido, verlo petrificado en un museo parecía una metáfora de la desactivación de aquellas revueltas que tanto nos sorprendieron y emocionaron.

Mientras hablábamos de sus afinidades políticas en Chile, fui a buscar en mi mochila un libro que tenía para ella. Era un ejemplar de *El camino hacia mi nombre,* una autobiografía de María José Pizarro. En ella, actualizaba su vínculo con sus padres y con toda una generación de luchadores a los que sus palabras volvían a parir. Ana lo hojeó con curiosidad y se lo llevó consigo, pero tras ese encuentro no supe de ella durante bastante tiempo. Cuando menos lo esperaba, reapareció como una luz de bengala en medio de una noche negra. Había compuesto un nuevo tema: *Busco mi nombre.* La canción remitía claramente al título del libro de María José y venía precedida de un introito de Estela de Carlotto, presidenta de las Abuelas de Plaza de Mayo.

Yo, que quiero a Estela casi tanto como quise a mi madre, me emocioné hasta los huesos. A sus noventa y cuatro años, se presentaba en el álbum de Ana como una de las tantas abuelas que habían estado buscando a sus nietos robados por la dictadura.

Al día siguiente de escucharlo al completo, sentí la necesidad de contarle lo ocurrido con Ana y con Estela a otro hermano de historia: Juan Diego Botto.

Además de un magnífico actor y director, Juan es hijo de otro desaparecido de la dictadura de Jorge Videla en Argentina, Diego Fernando Botto, y de Cristina Rota, actriz y profesora de arte dramático. El padre de Juan, actor también, militaba en sectores vinculados al peronismo de izquierdas. Fue secuestrado casi un año después del golpe, con solo veintiocho años. Cuando desapareció, Juan no llegaba a los dos. Su madre se lo llevó a Madrid y se convirtió en una de sus primeras maestras de interpretación.

Como actor, Juan ha tenido muchos papeles destacados. Uno de los más célebres es el que encarnó en *Martín (Hache),* del director argentino Adolfo Aristarain. El tema

central de la película es el ardid de la nostalgia, la dificul-
tad de volver a un país del que se ha sido expulsado.

"Argentina —le dice a Juan su padre exiliado en la fic-
ción— no es un país, es una trampa. Alguien inventó algo
como la zanahoria del burro (...). La trampa es que te hacen
creer que puede cambiar. Lo sentís cerca, ves que es posible, que no es una utopía, es ya, mañana. Y siempre te
cagan. Vienen los milicos y matan a 30.000 tipos. Hoy viene la democracia y las cuentas no cierran y otra vez a
aguantar y a cagarse de hambre".

A pesar de aquel monólogo, Juan no dejaría de volver
a Argentina. Con rodeos, como Mario o como yo, pero
con una necesidad irrefrenable de rastrear la huella de
Diego Fernando Botto y de salvarlo del olvido. Para acercarse a su historia personal, Juan interpretó y dirigió un
aclamado *Hamlet* que interpelaba al espectro del padre.
Más tarde escribió *Una noche sin luna*, una obra sobre Lorca, que no deja de ser otro desaparecido, al fin y al cabo.

En una ocasión, con Juan y su compañera, la periodista y escritora Olga Rodríguez, visitamos a las Abuelas
de Plaza de Mayo en Buenos Aires. Fue un día memorable.
Apenas nos vio, Estela trató a Olga, a Juan y a su hermana María, que también estuvo presente, como se trata
a los propios hijos o a unos nietos. Les habló con tanta
delicadeza y tiento que creo que todos salimos transfor-
mados de aquella reunión.

Poco antes de eso, Vane y yo asistimos emocionados
al estreno de *Una noche sin luna* en Barcelona. Para contar
su historia, Juan se valía de la metáfora del barco de Teseo. En ella, el fundador de Atenas va reemplazando a lo
largo de los siglos todas las piezas de su nave, desde las
tablas de cubierta hasta las manivelas más pequeñas. Generaciones después, ya no queda nada del barco original.
Sin embargo, los atenienses lo reconocen como el barco
de Teseo porque hay un hilo de memoria que se ha man-

tenido sin interrupción. En cada una de las presentacio-
nes de la obra, el personaje de Lorca quita tablas del barco o desentierra objetos y recuerdos que la dictadura ha
truncado. La noche del estreno en Barcelona, Juan me
envió la foto de una de esas tablas con el nombre de Ángel Pisarello.

Mientras avanzamos por la ruta 9 camino de Córdoba,
Mario, Nati y yo comentamos la historia de Ana Tijoux,
de Juan y de la propia Olga, descendiente también ella de
represaliados durante el franquismo y muy comprome-
tida con causas como la palestina.

A medida que dejamos atrás Buenos Aires, ensayamos
la primera banda sonora del viaje: las canciones de Bob
Dylan interpretadas en el filme *A Complete Unknown,* de
James Mangold. *"How does it feel? How does it feel?* —canta
Dylan en la voz de Timothée Chalamet— *To have you on
your own. / Like a complete unknown. / Like a rolling stone".*

La pregunta me golpea en pleno pecho. Al escucharla,
siento que esos erráticos trotamundos somos nosotros
mismos, que no sabemos del todo de dónde venimos o
hacia dónde vamos. En este inicio del viaje, de hecho, soy
incapaz de decir si Nati *conduce* o *maneja*, si vamos en
coche o en *auto*. Tampoco sabría describir el castellano de
Mario, repleto de giros luminosos tras una infancia y una
adolescencia en Cuba, sumergido lingüísticamente en el
país de Lezama Lima, Alejo Carpentier o la *Burundanga*
de Celia Cruz y La Sonora Matancera.

Por mi parte, si me leo o me oigo hablar, no podría
decir en qué variante del castellano me expreso, mucho
menos tras pasar de Tucumán a Madrid y de allí a una
Barcelona moldeada por su catalanidad y su diversidad.

Lo cierto es que también yo estoy hecho de mis viajes, de mis exilios, de mis orígenes. Por eso me gustan el
libro de María José, las canciones de Ana o las obras de

Juan. Porque hablan con belleza de nuestra historia y de nuestros padres. Y de nuestra necesidad de no dejarlos solos.

Carlos Pizarro, Roberto Santucho y Diego Fernando Botto fueron progenitores jóvenes. Ángel Pisarello fue un padre y un abuelo a la vez. Contento como un patriarcón ablandado, se dio tiempo para leerme historias y para dibujar conmigo personajes de las series *Bonanza* y *El fugitivo* hasta la noche en que nueve encapuchados con ametralladoras lo arrancaron para siempre de mi vida.

A diferencia de muchos de mis hermanos de causa, yo no soy un hijo directo de los jóvenes insurgentes de los setenta, pero mi relación con los miembros de esa generación indómita es intensa. Puedo discutir con ellos, confrontarlos secretamente, pero los siento míos, y me veo en la obligación de defenderlos y de preservar lo mejor de su legado.

Y lo mismo me pasa con Ángel Pisarello. Por más pleitos que me queden pendientes con él, ni quiero ni puedo abandonarlo. No el día en que le pusieron una bomba en su despacho de abogado. No cada vez que el *Tuerto* Albornoz, maleante de baja estofa, se lo cruzaba por la calle y amenazaba con asesinarlo. Y mucho menos aquella mañana de julio en que lo lanzaron ultrajado y sin vida a un parque de Santiago del Estero. Por eso escribo y para eso quiero volver a mi Ítaca. Para abrazar a los padres de Mario, de María José, de Juan. Y también para acompañar al *Flaco* Pisarello. Para que no estén solos en el momento del zarpazo final y porque, al hacerlo, vuelvo a abrazar a Vane, a mi hermana Tatá y, en cierto modo, a nuestros propios hijos.

IDENTIDADES

Pasado el mediodía, la ruta 9 es una serpiente infinita y acalorada. A un costado y al otro del camino se extienden pequeños pueblos de lotófagos que llevan años aspirando polvos de desmemoria. Al pisar territorio cordobés, Nati se dirige directamente a Puesto Nuevo, el alojamiento rural donde haremos noche antes de visitar la casa de don Atahualpa Yupanqui, el cantor de los pueblos olvidados y de la callada resistencia de la tierra.

Ya en nuestro destino, el administrador no oculta sus complicidades políticas con Mario y Nati y nos promete un cordero recién asado y un buen vino de la tierra. Tras una cena rápida, nos retiramos a la habitación y dejamos todo listo para partir a Cerro Colorado.

A la madrugada siguiente, las ventanas de Puesto Nuevo constatan que afuera está amaneciendo lluvioso y frío. Deben de ser las seis. Del alero del tejado caen lentos goterones que se desparraman entre las baldosas de barro. La atmósfera es de un gris ligeramente balbuceante, como un animal que empieza a desperezarse entre sombras.

Mientras estiro las piernas, procuro abrir la puerta de la habitación con cuidado para no despertar a Mario y sobre todo a Nati, que ha pasado la noche con algo de fiebre. Como cada día, consulto mi teléfono móvil temeroso de que en la otra orilla del mundo se haya hundido Barcelona o de que una tormenta de meteoritos haya aniquilado nuestro pequeño limonero.

Para variar, todo es menos perturbador. Apenas tengo un emoticono de Dani enviándome besos y unas escuetas líneas de Lua en las que me explica que por fin le llegaron sus guantes de *kickboxing*. Al leer sus mensajes, pienso que Vane hablaba mucho más que yo con nuestros hijos. Los buscaba en el fondo de sus guaridas, si hacía falta, y se metía en ellas sin permiso. Le daba igual si acertaba con las palabras. Estaba allí. Yo, que siempre he sido parlanchín, un titán de la tertulia —"¿Dónde está mi grillo?", solía preguntar mi madre—, sabía jugar con ellos cuando eran pequeños. Les preparaba disfraces, les leía historias, los invitaba a hacer montañas humanas en nuestra cama, los cuatro apilados uno encima del otro. Ahora me cuesta más. Por eso me atengo al consejo imperecedero de las abuelas andaluzas que siempre me recuerda mi amigo el escritor Antonio Manuel: "Antes corazón abierto y boca cerrada, que no al revés". Intento cocinarles, resolverles alguna gestión práctica, darles abrazos si se dejan, pero procuro ahorrarme peroratas que no quieren escuchar.

Además de mis hijos, también me ha escrito Eva, recordándome que le debo un audio "en tucumano" sobre el estado de nuestra odisea. Con ella es más fácil. Le respondo con un mensaje largo, en catalán, donde le explico entre bromas que habiéndonos conocido en esa lengua no puedo dar ese salto al "tucumano" que me pide.

Las palabras de Eva, casi murmuradas entre el repiqueteo de las gotas, me llevan como en un hilo de agua a una canción catalana de Roger Mas, *I la pluja es va assecar*. La canción describe un día cualquiera, como este mismo en Puesto Nuevo, en el que el cielo parece un escudo de ceniza y muerte del que cae una lluvia repetitiva. El panorama no puede ser más desolador: en medio de ese aguacero plomizo, los héroes antiguos son devorados por buitres con la mirada rota, los niños son mutilados y en las neveras abiertas se pudren los platos más dulces. En ese mundo de posibilidades atenazadas, son pocos los que esperan algo. Es entonces, "en un *instant explosiu*" cuando ocurre lo que parecía que nunca llegaría: la lluvia se seca, las nubes se disipan y el mundo en ruinas hasta entonces conocido se hunde sin contemplación más allá del horizonte. Lo que viene después es de una hermosura desatada. Una luz nueva se funde en verdes diversos, turquesas, óxidos y rojos. El universo se pliega sobre su eje y lo que era perímetro, periferia, se convierte en el centro de un mundo inédito.

Cada vez que escucho la voz vigorosa de Roger Mas constatando la súbita emergencia de un paisaje que hasta hace nada parecía imposible, me entusiasmo. De la mano de ese *in crescendo* repleto de colores, me vienen muchas imágenes a la cabeza. Veo a don Atahualpa Yupanqui rasgando afanosamente su guitarra con un poncho rojo al hombro. Y también veo a Vane, otra vez conmigo, estirándome los brazos en algún rincón del Cerro Colorado e invitándome a bailar.

Recuerdo que el día de su funeral, en la sierra de Collserola, Dani pronunció un emotivo discurso de hijo mayor que también anunciaba un mundo nuevo entre nosotros. Lo hizo en catalán, aclarando que era la lengua que le había legado su madre, y su intervención pudo haber adoptado perfectamente la forma de un rap.

Como en el cuadro de Munch, Dani partió de nuestra pérdida desgarradora, se parapetó junto al ataúd de Vane como en un puente y lanzó un grito que proponía incendiarlo todo. Luego entró en un dulce trance y comenzó a evocar a su madre con ternura y pasión. Vane y su sonrisa, Vane pidiéndole que le leyera en catalán *Les roses d'Orwell,* de Rebecca Solnit, Vane y su lucha contra los desahucios de cientos de familias, Vane y su templada asunción del cáncer.

Yo escucho a mi hijo ahora, en tierras cordobesas, y hago mío su dolor en la lengua de Montserrat Roig, de Joan Salvat-Papasseit o del jovencísimo futbolista Lamine

Yamal, hijo de padre marroquí y de madre guineana. Hago mío su dolor mientras espero a que la lluvia se detenga y a que alguien nos convide a un mate con ese pan horneado en el que Vane hubiera visto un indudable placer epicúreo.

Mis cuatro años de vida y de estudio en Madrid coincidieron con el auge de una derecha cada vez más radicalizada. A pesar de eso, la ciudad, sus gentes, me fascinaron. Allí, de hecho, di mis primeros pasos en política y conocí a algunos de mis maestros y amigos de vida, como el laboralista Antonio Baylos, que no pudo venir a nuestra boda pero que homenajeó a Vane con una cena que la hizo muy feliz.

Cuando llegué a Barcelona, sabía que durante el franquismo, el catalán, el gallego o el euskera habían sido lenguas perseguidas. Por mis abuelos granadinos siempre he tenido una honda querencia por Andalucía. Por afectos personales y políticos, también he hecho de Catalunya mi pequeña nación adoptiva. Pero en el fondo, y por carácter, soy como el Quijote, un entusiasta de todos los pueblos peninsulares y de sus buenas gentes: vascas, gallegas, asturianas, castellanas, portuguesas, siempre a distancia, eso sí, de las definiciones arrogantes e impositivas de "lo español".

Aprendí el catalán por amor y por respeto a quienes lucharon por mantenerlo vivo durante la dictadura franquista. Apenas llegué a Barcelona me sumergí en la radio y en la televisión públicas catalanas. También tomé clases con una profesora encantadora que nos llevaba a pasear por los mercados para conversar en catalán con las pescaderas, los charcuteros y las vendedoras de dulces.

Después apareció mi compadre, Xavier Pedrol, una de las personas a las que más quiero en este *petit país*. Nos conocimos en la Facultad de Derecho. Ambos éramos profesores. Tras militar juntos a favor de una mundialización alternativa a la capitalista, escribimos un par de libros sobre el abismo antisocial y neocolonial por el que se estaba precipitando la Unión Europea. Casi sin darnos cuenta, entre presentación y presentación nos hicimos padrinos cada uno de los hijos del otro. Gracias a Xavi y a amigos como el periodista Roger Palà, memoricé mis primeros poemas en lengua catalana, como *La relíquia,* del mallorquín Joan Alcover, o escuché a Bob Dylan en la lengua de Gerard Quintana y Jordi Batiste.

Mi relación lingüística con Vane también fue singular. Nos conocimos en castellano en una manifestación en defensa de los derechos de las personas migrantes. Había muchísima gente. Cuando nos presentaron, Vane apenas sonrió. Durante un tiempo fuimos imperceptibles el uno para el otro. Luego, las causas y el azar nos fueron cercando, poderosos e invencibles, como en la canción de Silvio.

Poco a poco, Vane comenzó a tomarse en serio mis arengas políticas y aceptó que nos viéramos más seguido. Cuando constató que coincidíamos en el humor, la chispa se transmutó en hoguera. Ella comenzó a reír y, con las risas, cedió la piel. Yo me empeñé tanto en aprender catalán que conseguí incorporarlo a nuestros paseos, a las charlas con amigos y a la relación con nuestros hijos. Pero cuando caía la noche, y con ella las ropas, mi yo buñuelesco, mi recóndito Mister Hyde, buscaba hambriento el castellano para acercarme a Vane y a ese perfume de su piel que me alteraba la sangre.

A veces mis hijos me reprochan que no les haya hablado más en argentino. Cuando me lo dicen, yo enumero con lujo de detalles todas las canciones de fútbol argentinas que les enseñaba durante los mundiales. También invoco a mi favor las largas sesiones musicales por donde desfilaban María Elena Walsh, el *Flaco* Spinetta o Los Abuelos de la Nada.

No hay nada que hacer: mis hijos sienten que no les he transmitido suficientemente mis señas de identidad. No me encapricho en refutarlos, pero creo haberlo hecho a mi modo. Siempre vinculé mi condición de argentino a una suerte de curiosidad sin fronteras y a una apertura a nuevas culturas, a nuevas lenguas, en constante recreación. Con esa mirada, propia de un país geográficamente extenso, de base indígena y criolla y luego reconstruido por innumerables olas migratorias, intenté enseñarles a disfrutar por igual de las grabaciones de Juan Rulfo, leyendo sus propios cuentos, que de Maria-Mercè Marçal, Espronceda o Borges.

Todavía hoy veo a Dani con su capa roja y su espada, correteando como un gorgojo en la casa de Can Baró y gritando en lontananza: "Que es mi barco mi tesoro, que es mi dios la libertad, mi ley, la fuerza y el viento, mi única patria, la mar".

Lua era más de la *Bruixa de dol*, aunque era divertido escucharla recitar, con siete u ocho años, *La trama* de Borges. En este minicuento, el autor de *El Aleph* comparaba la traición de Bruto a Julio César con la de un gaucho joven de Buenos Aires a su padre, diecinueve siglos después. La gracia estaba en que, en lugar de pronunciar, como en Shakespeare o en Quevedo, el famoso "¿Tú también, hijo mío?", el gaucho se volvía a su hijo y le recriminaba: "¡Pero, che!". A Lua le encantaba este paso. Decía "Pero, cheeee", estirando la *e* y acentuando el cantito de la frase. Y celebraba que el propio Borges aclarara: "Estas palabras hay que oírlas, no leerlas".

Desde siempre, pues, mi relación con mis hijos ha sido en catalán. Salvo, insisto, cuando se trata de los mundiales de fútbol o cuando, ante un desplante o una respuesta tosca de su parte, les reprocho, con mansa reconvención y lenta sorpresa: "¡Pero, cheee!".

Al igual que la América indómita de la que me siento hijo, muchos de mis anhelos de libertad e igualdad han encontrado inspiración en la historia de la Catalunya rebelde. En mi panteón de héroes y heroínas siempre hay flores para las anarquistas Teresa Claramunt y Federica Montseny o para anarcosindicalistas como Salvador Seguí o Joan Peiró. También para republicanos íntegros como el *president* Lluís Companys, que siempre me recordó a mi padre, espigado, con un pañuelo blanco en el bolsillo del traje y cobardemente fusilado por el franquismo en 1940.

La generación de los setenta latinoamericanos tiene su correspondencia peninsular en la que se enfrentó a la larga dictadura franquista. El *maquis*, primero, y cientos de miles de obreros, estudiantes, artistas, más tarde, no consiguieron derrocar al dictador, pero le infligieron derrotas decisivas. Yo aprendí mucho de veteranos antifranquistas catalanes, como María Salvo, como Llum Ventura, activista y peluquera libertaria, o como Arcadi Oliveres, un pacifista cristiano que quería mucho a Vane y al que ambos admiramos.

Recuerdo que, al día siguiente de ganar las elecciones a la alcaldía, casi nadie sabía de dónde demonios habíamos salido. Había gente, sí, que nos conocía por nuestro vínculo con el activismo por el derecho a la vivienda y con otros movimientos sociales. Pero muchos ignoraban quién era Ada Colau, por no hablar de mí, un ignoto profesor de origen latinoamericano, hijo de la América marrón, mestiza, que se expresaba aceptablemente en catalán.

Esa necesidad de descifrarnos engendró productos curiosos. Uno de los programas catalanes de humor político de máxima audiencia, *Polònia*, se propuso imitarnos. Representaban a Ada con el tic de acomodarse constantemente el pelo sobre la oreja. Mi personaje tenía un cierto aire profesoral y hablaba catalán con un marcado acento argentino, más de Buenos Aires que de Tucumán. La clave de aquella aproximación humorística era que Ada siempre confundía mi apellido. Me decía *Pizzoruso*, *Pizzicato*, *Pisapapeles*. Cualquier cosa menos Pisarello. En verdad tenía todo el sentido del mundo. Nadie en Barcelona, en Catalunya, podía intuir quién era ese desconocido que de golpe saltaba a escena en busca de su nombre.

Diez años más tarde, todo es diferente. Si voy por la calle y alguien me reconoce, soy indefectiblemente "el Pisarello", pronunciado en un catalán grato y casi siempre respetuoso. Por eso ya no puedo viajar a Tucumán sin volver a Catalunya. Ni podría quedarme en Catalunya sin volver a Tucumán, o a Bogotá, o a Ciudad de México.

También debo reconocer que mi fuerte vínculo con Catalunya se ha ido extendiendo con los años a otras tierras queridas como Galicia o el País Vasco. Mi hija se llama Lua como homenaje a la luna gallega. Y el gallego es, de hecho, la lengua en la que me suele hablar uno de mis maestros en política: el nacionalista republicano Xosé Manuel Beiras.

Nacido en 1936 con el Frente Popular, como le gusta recordar, Xosé ha sido un personaje fundamental en mi vida. Por él conocí la importancia de las grandes revueltas campesinas, antiseñoriales, de los *irmandiños* gallegos en el siglo xv. Por él leí a grandes poetas de su tierra, como Rosalía de Castro o Manuel Curros Enríquez. Y por él, y por su talante libertario, me he oído definirme en más de una ocasión como un republicano gallego enamorado de Catalunya.

Un día que fuimos a visitarlo a su casa de Reboraina con Vane y nuestros hijos, Xosé interpretó con alegre virtuosismo las *Escenas de niños* de Schumann y probamos las célebres tortillas de patatas de seis huevos de su compañera, la pintora Aurichu Pereira. Mientras las volutas de humo de sus cigarros se confundían con su cabellera blanca y ensortijada de jefe celta, Beiras nos confesó con orgullo la admiración que su generación sintió por la Revolución

cubana o por la lucha de liberación argelina, ambas fuer-
temente inspiradoras para la resistencia antifranquista.

Mi amistad con Xosé ha estado atravesada por un
potente hilo de vida y de muerte. Compartimos batallas
políticas, risas y también desdichas. El destino quiso que
a Aurichu y a Vane les detectaran tumores graves con
pocos meses de diferencia. Cuando ambas partieron, Xosé
y yo intercambiamos largos silencios de viudos en el patio de su casa o bajo la lluvia de Santiago de Compostela.
En un homenaje póstumo a su mujer, Xosé la llamó en
gallego "o meu amor de madrugada", que es lo que yo hubiera querido murmurar a Vane al oído si hubiera tenido
el talento de mi maestro.

Además de Xosé, Vane y yo hemos tenido en Martiño
Noriega y Antía Otero a otra pareja entrañable de amigos
gallegos. Martiño ha sido uno de los más lúcidos discípu-
los políticos de Beiras y Antía es una poeta exquisita y de
una sensibilidad de abeja. La noche anterior a nuestra
boda, Vane y yo cenamos con ellos. Antía nos dedicó un
poema bellísimo en gallego que Vane y yo colgamos en
nuestra habitación y que todavía sigue allí, recordando
"O insomnio que nos une entre as tebras e a luz filtrada
que nos salva". Cuando ya nos despedíamos, Martiño me
contó que Castelao, el gran republicano gallego exiliado
en Buenos Aires, escribió un texto invocando un alba glo-
riosa en la que los muertos por Galicia comparecen en
un desfile infinito bajo una luz renovada.

Mi relación con los vascos ha sido igualmente de cre-
ciente enamoramiento. Quizá tenga que ver con los antepasados de mi abuela, Delfina Virasoro Vedoya, dos ape-
llidos de origen vasco a los que los funcionarios de control
migratorio argentinos cambiaron algunas letras.

Más allá de eso, mi vínculo con ese pequeño gran pueblo me llegó gracias a amigos argentinos descendientes
de vascos, como Iñaki Anitua, que además de un gran

penalista, ha sido un hermano para mí. Vane siempre valoró mis amistades políticas vascas por su relación con la comida. Según ella, eran imbatibles en este campo. Importantes dirigentes del Partido Nacionalista Vasco, de hecho, se ganaron a Vane para siempre el día que nos invitaron a un *txakolin* y a unos *pintxos* magníficos durante el *Alderdi Eguna* o Día del Partido.

A través de otro querido amigo, Jaime Pastor, a quien debo mucho de mi mirada plurinacional sobre lo que el poeta Salvador Espriu llamó la *Pell de Brau,* o Piel de Toro, llegué a conocer a diversos compañeros y compañeras de la izquierda independentista vasca.

Algunos de los más veteranos comenzaron su militancia en los tiempos en que ETA formaba parte de la resistencia armada contra la dictadura y protagonizó atentados sonados como el que ultimó al almirante franquista Luis Carrero Blanco. Cuando se legalizaron los partidos, muchos se integraron en organizaciones políticas, sindicales y estudiantiles diversas. Hoy tengo relaciones de afecto político y personal con algunos de ellos, como Gorka Elejabarrieta, senador en Madrid por el frente amplio Euskal Herria Bildu.

Gorka encarna muchos valores tópicos que suelen atribuirse a los vascos. Es noble, generoso y muy firme en la defensa de su gente. Recuerdo con especial cariño una noche en la que Vane iba ya completamente rapada de resultas de la quimio, y Gorka y su familia nos invitaron a cenar en el Rotterdam, un acogedor restaurante de Bilbao. Más tarde, cuando Vane partió, la gente de su espacio político nos envió una corona de flores y todos sus dirigentes me hicieron llegar palabras sentidas. El propio Gorka, que siempre aparecía en el momento justo, tuvo el detalle de regalarme unas entradas para un concierto del inmenso Fermín Muguruza, que me hizo saltar y amansar las penas al ritmo de su *Sarri Sarri*.

Además de mi cariño por el pueblo vasco, también me une a Gorka su talante internacionalista y su afecto por países latinoamericanos queridos, como Uruguay o México.

Al sentirse hija de los movimientos de liberación nacional de los años sesenta, la izquierda vasca guarda vínculos estrechos con los frenteamplistas uruguayos vinculados al Movimiento de Liberación Nacional-Tupamaros. Tupamaro o tupa, a secas, fue Raúl *Bebe* Sendic, una suerte de Antonio Gramsci uruguayo, y tupas fueron también el expresidente Pepe Mujica y su compañera Lucía Topolansky.

Yo conocí a Pepe y a Lucía cuando hacíamos campaña para las elecciones en Barcelona. Ambos recibieron a Ada con generosidad y nos dieron un empujón decisivo para que las movilizaciones nacidas en las plazas, contra la crisis de 2008, tuvieran su parte de reflejo en las instituciones.

Ya como vicealcalde, fui a visitarlo a la modesta chacra en la que vivía, en la periferia de Montevideo. Le llevé una botella de ratafía, un licor dulce catalán elaborado a partir de la maceración de distintos frutos y hierbas en un alcohol de base, por lo general aguardiente. Mi regalo no duró mucho. Sí lo suficiente como para charlar sobre Manuela, la perra de tres patas de Pepe, sobre Juan Carlos de Borbón, el rey al que había hecho sentar en su banco de chapas de refrescos, que según Pepe se le metían en el trasero, o sobre su concepción de la vida como "una maravillosa aventura de las moléculas".

Cuando hablaba con ese Pepe ya mayor que filosofaba sobre la vida, risueño y ligero, costaba imaginarlo en la guerrilla tupamara o en el fondo de aquel pozo en el que la dictadura uruguaya lo mantuvo encerrado y lo torturó durante doce años.

En Lo de Molina, el bar y centro cultural en el que antes funcionaba la antigua sede de los tupas, hay una habitación repleta de fotos de jóvenes convencidos de que los Gobiernos tiránicos no caen nunca sin conflicto. Desde Sendic al colombiano Carlos Pizarro. Desde el chileno Miguel Enríquez al padre de Mario, a quien envié una foto el día que lo vi en esas paredes. Ninguno de ellos se pretendía original. Se sentían herederos de otros jóvenes que se enfrentaron antes al despotismo de la monarquía borbónica y lucharon por la independencia de sus países.

Pepe Mujica es uno de los últimos representantes de esa generación. Cuando el dictador chileno Augusto Pinochet fue detenido en Londres, a finales de los noventa, Pepe dio una entrevista. En ella reconocía que estaba filosóficamente en contra de la pena de muerte, pero que tal vez "había una media docena de casos" que se lo merecían y Pinochet era uno de ellos.

Como en la magnífica película *One Battle after Another*, de Paul Thomas Anderson, Pepe, al igual que otros de su generación, recibió un duro castigo por ser coherente con sus ideales. Sobrevivió a la represión, y a pesar de la resaca que llegó luego, nunca perdió las ganas de vivir y de soñar un mundo diferente. Cuando lo visité en su chacra, me insistió mucho en que su ideal de organización política era un socialismo autogestionario y cooperativo, respetuoso con las libertades democráticas y compatible con la preservación de la madre tierra.

Nunca abandonó esa idea, aunque era consciente de lo difícil que era hacerla posible. "¡Entonces sí teníamos fuerza!", solía decir en sus últimos días, rememorando el fragor de los años de resistencia a la dictadura. "Ahora añoramos todo aquello y, sobre todo, añoramos no poder transmitirlo a las nuevas generaciones. Lo que vivimos en aquel momento fue un chispazo de la historia. En el mundo de hoy, tanto quijote, tanta poesía, parecen impensables".

Cuando Gorka evoca a sus amigos tupas, ya mayores, yo recuerdo las imágenes en las que Pepe, con un cáncer de esófago ya extendido, aparecía bailando en un acto del Frente Amplio al ritmo de *Muriendo de plena,* un tema del Negro Rubén Rada. Pepe movía con gracia las caderas mientras la canción decía: "Cuando yo me muera, no quiero llanto ni pena, prefiero que se me vele bailando una rica plena [...]. No quiero a la gente todita de negro, prefiero de rojo vestir a mis suegros, y quiero en la tumba, pollito y arroz, patitas de cabra, con todo y melón".

Vane era como Pepe, aunque en una versión más *punk.* En su último cumpleaños, una semana antes de fallecer, nos pidió varias veces que le pusiéramos *Bailaré sobre tu tumba,* un tema de Siniestro Total cuya letra, a diferencia de la del Negro Rada, dice: "Te mataré con mis zapatos de claqué / Te asfixiaré con mi malla de *ballet* / Te ahorcaré con mi esmoquin / Y morirás mientras se ríe el *disc jockey".*

A veces Gorka me cuenta anécdotas de Pepe y de Lucía, y mi cabeza, sin yo buscarlo, vuela sola en busca de Vane. Entonces me la encuentro, con ochenta o noventa años, golpeando el aldabón de mi pecho, algo despistada, para que salgamos a pasear de la mano, como ellos, o para que nos tumbemos desnudos al sol en unas rocas de Llofriu que me enseñó cuando nos conocimos.

Lo que a Vane no le gustaba tanto era oírme hablar de México. Nunca entendió que con todas las maravillas que le explicaba no lo hubiéramos visitado juntos.

Para mi padre, la Revolución mexicana de Zapata, de Villa, de las adelitas trepadas a los trenes con sus carrileras y sus pantalones de manta blanca, era la gran referencia libertaria e igualitaria del siglo XX, por encima de la propia Revolución rusa.

Cuando acabé el doctorado en Madrid, comencé a viajar con frecuencia para dar clases en Ciudad de México, Guadalajara, Guanajuato. En esos viajes, quedé prendado de ese país deslumbrante que tanto siento dentro de mí. De las rolas de El Tri y de los chiles en nogada. Del mural de Siqueiros en el Sindicato de Electricistas y de esa ciudad maravillosa que un día fue la gran Tenochtitlán. Del mezcal y de Frida, desafiante ante la muerte, igual que Vane, pintando vivas a la vida con las vértebras deshechas y ahogada en calmantes.

De la mano de amigos como Marco o el Rodro, visité las comunidades zapatistas en Chiapas y asistí al impresionante plantón de 2006 que se desplegó en la Avenida Reforma para denunciar el fraude electoral con el que las oligarquías del país frenaron la llegada de Andrés Manuel López Obrador al Gobierno federal.

Es increíble, en realidad, la manera en que América toda se ha encendido a lo largo de la historia en movimientos de rebelión y esperanza, seguidos de otros de represión y tragedias terribles.

El propio Gorka, como republicano vasco, no se engaña: "Si hacemos las cosas bien —me llegó a decir en una ocasión—, no se puede descartar una nueva ola represiva y hay que estar preparados". Esta reflexión lo llevaba a otra frase del Sendic más *frenteamplista*: "Si nos ponemos a discutir sobre nuestras diferencias, nos podemos pasar toda la vida discutiendo. Si nos ponemos a trabajar sobre nuestras coincidencias, vamos a estar toda la vida trabajando juntos por el cambio".

La apelación de Sendic, de Pepe, a la importancia de la amistad política como antídoto frente a las políticas del enemigo que el neofascismo rampante propugna, me recuerda a un pasaje de *Atusparia*, la gran novela de Gabriela Wiener. Allí, uno de los personajes dice: "El capitalismo actúa sobre nosotros como un hombre que intenta convencer a su mujer de que está loca, escondiendo cosas, bajando la intensidad de la luz, haciendo ruidos en el sótano".

Si esto es así, alguna forma de confluencia, de cooperación entre quienes plantean que la voz de las oprimidas y de los oprimidos sea escuchada, se vuelve imprescindible. La propia Wiener lo dice descarnadamente: "Delante de nuestros ojos los dueños del Perú están sentando las bases para un futuro neoliberal, en el que quien no tiene plata muere y el que protesta es perseguido. ¿Dónde está la izquierda? ¿Saben dónde? Partiéndose en mil pedazos por sus egos de mierda. Cogería el fusil con ustedes, compañeros, pero es que no pueden ser más machos sectarios, ustedes también".

Dudo que Nati, Mario y mucho menos yo estemos en condiciones de empuñar fusil alguno con nuestras rodillas o espaldas maltrechas. De momento, nos limitamos a cargar nuestras valijas y a meterlas al auto antes de despedirnos de la gente de Puesto Nuevo, que lleva horas cepillando a los caballos y dando leche en biberones a los cabritos que se convertirán en la cena de los comensales recién llegados.

Tras pedirnos que regresemos pronto, nos abrazan cariñosamente y nos conminan a seguir dando batalla. En ese momento, yo querría exhumar lo más hondo de mi identidad quechua y aymara, y decirles *tupananchiskama*, que quiere decir "hasta que la vida nos vuelva a encontrar". Eso, o simplemente un *a reveure*, en catalán, un *agur*, en euskera, o un *vémonos o ano que ven*, en gallego. Pero me contento con devolver el abrazo mientras nos comprometemos a honrar el encargo que nos hacen.

Con los pulmones llenos del aire fresco de la mañana, regresamos al pobre Volkswagen azul. A los pocos minutos estamos otra vez en el camino de tierra, a la búsqueda de Atahualpa Yupanqui. En el horizonte, la luz del día parece fundirse en óxidos y en rojos bajo los que Vane habría brillado como una hechicera. Me cuesta discernir si esos nuevos paisajes que se abren ante nuestros ojos anuncian el fin de un tiempo o anticipan un mundo nuevo en el que, como vislumbró Malcolm Lowry, todo hombre y toda mujer puedan beber un vino más amable.

CABALLOS

MIENTRAS Nati se recupera de su noche febril en el asiento trasero de nuestro Volkswagen traqueteante, Mario maniobra en un camino de tierra y se dirige a Cerro Colorado.

Antes de salir de Buenos Aires, los tres marchamos junto a los jubilados que desde hace varios miércoles protestan contra las políticas de recortes del Gobierno de Javier Milei. Ahora, le recuerdo a Mario un acto que celebramos juntos en 2018, en Buenos Aires, poco después de habernos conocido. Lo organizaba la revista *Crisis* bajo un título que militaba en un claro optimismo de la voluntad: "Esto recién empieza".

María José Pizarro participaba por Colombia, pero había otros dirigentes políticos y sociales latinoamericanos. El diagnóstico y las propuestas de fondo no ofrecían espacio para la duda. Desde su irrupción en los años setenta, las políticas neoliberales se habían revelado un incontestable fracaso. Por su ataque desbocado a las clases populares y medias, por su deliberada agresión a los servicios públicos y a la democracia. Frente a esa evidencia, no bastaba con propugnar pequeñas reformas progresistas. Había que conectar con el descontento y la rebeldía que surgía en las calles y conseguir que abrieran camino a cambios más estructurales.

Mario perfiló algunos contornos de esta necesidad de cambio en un libro muy atractivo: *Bombo, el reaparecido*. En él se acercaba a su historia familiar a la manera del periodista desaparecido Rodolfo Walsh, con el estilo vi-

brante y ágil de un *thriller*. En lugar de hablar directamente de sus padres, Mario se centraba en la figura de
un héroe plebeyo, Bombo Ávalos. Al igual que Mario
Roberto Santucho, Bombo había militado en la guerrilla
guevarista en Santa Lucía, una comarca azucarera de
Tucumán carcomida por la desindustrialización. Era un
combatiente escurridizo. En 1976 los militares lo captu-
raron y no se supo más de él. Décadas más tarde, alguien
aseguró verlo irrumpir como un fantasma fugaz en su
pueblo natal.

Mario se servía de este misterioso regreso para evocar
la persistencia de un hilo, de una voluntad de cambio
profundo que, como en la película de Salles, seguía es-
tando allí. Una de las tesis del libro era que la violencia
organizada no parecía ya un recurso eficaz al alcance de
los oprimidos. En cambio, la violencia de los poderes salvajes de Estado y de mercado no había hecho más que
agudizarse.

Mientras se concentra en el parsimonioso camino de
polvo, Mario persevera en esta mirada. Ello nos lleva a
hablar de un capitalismo de barbarie al que cada vez le
sobra más la democracia y que para conseguir sus obje-
tivos parece dispuesto no solo a reprimir la disidencia,
sino a llevarnos a nuevas guerras, a la destrucción descarnada de la naturaleza o a nuevos genocidios coloniales
como los de Palestina o el Congo.

Según me explicaba mi madre, mi padre eligió Tanzania como destino diplomático precisamente para sumarse a las luchas anticoloniales y antiimperialistas de aquellos
tiempos. El país le interesaba porque una de sus prin-
cipales industrias era la azucarera, como en Tucumán.
Y también porque tenía un presidente, Julius Nyerere,
que defendía una vía africana, comunitaria y autónoma
hacia el socialismo. Esa vía estaba basada en la *ujamaa*,
que en suajili quiere decir algo así como "fraternidad".

La embajada le había llegado a mi padre por sorpresa.
El entonces presidente argentino, Arturo Illia, se la ofre-
ció como un respiro y porque creía en el panafricanismo
emergente. Don Arturo, como le decían sus correligiona-
rios, era un médico honrado y valiente. Fue uno de los
pocos que se atrevió a visitarnos en casa de mi tía en plena dictadura. Antes, si pasaba por Tucumán, Illia venía a
nuestra casa de Las Piedras 772 y mi madre le preparaba
un guiso o una sopa caliente. Como presidente, se enfrentó a las grandes farmacéuticas transnacionales y plantó
cara a los Estados Unidos tras la invasión de Santo Domingo. Su gran límite fue no poder acabar con la proscripción del peronismo. Eso le generó una debilidad que
los sectores reaccionarios del Ejército y algunos sindicatos
aprovecharon para derrocarlo.

Mis hermanas vivían en Tanzania un ensueño de cócteles, piscinas y chóferes africanos que mezclaban el suajili con un inglés elemental. Mi padre, en cambio, utilizó
su viaje para reunirse con líderes insurrectos de medio
mundo. Cuando lo mataron, su biblioteca fue diezmada.
A pesar de eso, mi madre pudo salvar o esconder algunos
libros sobre África. Así pude leer tempranamente *Los condenados de la tierra,* de Frantz Fanon, el psiquiatra y revolucionario martiniqués, con prefacio de Jean-Paul Sartre.
En aquel libro, que denunciaba sin rodeos la violencia
colonial, Sartre prestaba un apoyo incondicional a las
luchas de liberación africana y se permitía escribir sin que
le temblara el pulso que "matar a un europeo es matar dos
pájaros de un tiro, suprimir a la vez a un opresor y a un
oprimido: quedan un hombre muerto y un hombre libre".

Aquellas palabras incendiarias estremecían mi formación cristiana de base. Sin embargo, pronto pasé de Fanon
a otros revolucionarios africanos como Amílcar Cabral,
Winnie Madikizela o Patrice Lumumba, un personaje admirable que, al igual que Lluís Companys, siempre me

recordó a mi padre y que acabó asesinado con la complicidad de los Estados Unidos y del Gobierno belga.

En el África en pie de aquellos años, Ángel Pisarello alternaba el entusiasmo más absoluto con la sensación de ser una suerte de fiera en cautiverio. Admiraba profundamente a los pueblos de ese continente hermano, pero no podía dejar de pensar en una Argentina cada vez más atravesada por luchas obreras y estudiantiles de todo tipo. Es más, según mi hermana Tatá, si mi padre veía un barco zarpando del puerto, buscaba un corpiño de mi madre y lo agitaba en el balcón mientras pedía que se lo llevaran también a él.

Concentrado en el camino, Mario festeja mis anécdotas con esa risa suya que le trepa por la cara y le ilumina los ojos verdes. Como todo lo que a Cuba se refiere le toca sentimientos hondos, le cuento que, en una ocasión, Fidel Castro invitó a Nyerere a La Habana. Para homenajearlo, lo sacó a pasear en uno de esos almendrones descapotables de los años cincuenta que tanto lucían en la ciudad. Cientos de pioneritos cubanos, niños y adolescentes, asistieron a la recepción con sus pañuelos rojos y azules al cuello. En un momento dado, cuando Fidel y el invitado africano pasaron junto a ellos, los pioneritos comenzaron a agitar banderas de Cuba y a cantar: "¡Julius, Nyerere, venimo' a saludarte sin saber quién eres!".

Nuestra plática se enciende y se llena de carcajadas e hipérboles. En medio de ese arranque festivo, Nati evoca con voz reposada una visita que hicieron a Rosario unos años atrás. Los ojos de Mario vuelven a encenderse con una sonrisa resplandeciente.

De Rosario era su madre, Liliana Delfino, y tanto él como su hijo Joaquín son sufridos y orgullosos hinchas de Rosario Central, uno de los equipos de fútbol más distintivos de la ciudad. Ser canalla, o mejor, *canaya*, es decir, ser hincha de Central, es un símbolo de camaradería y de resistencia en las situaciones más adversas. Mario y Joaquín hacen gala de esa pertenencia. Se sienten parte de una honorable y poblada lista de *canayas* célebres. Desde el Che hasta el escritor anarquista Osvaldo Bayer o la bailarina nudista Rita la Salvaje.

Nati me recuerda el nombre de otro aficionado insigne, el músico Jorge Fandermole. "¿Lo conocés?", me dice. "Creo que no", contesto entre avergonzado y culposo, como si mi argentinidad se hubiera visto disminuida por los años que llevo viviendo fuera. "Es el autor de la *Oración del remanso*. Ponela, si no la escuchaste".

La busco. No han pasado ni dos minutos y un nudo me gana el pecho. *Oración del remanso* es un chamamé que habla de un pescador del remanso Valerio, un minúsculo paraje situado a algunos kilómetros de Rosario, sobre el río Paraná. La pesca es la fuente de subsistencia de las familias obreras. El pescador de la canción tiene el color marrón del río y dice que con su canto intenta seguir "el agua mansa y su suave danza en el corazón". La miseria y las necesidades insatisfechas frustran sus intentos. Para aplacar el desasosiego, los pescadores erigen un enorme Cristo al que piden amparo y suerte para poder colmar sus redes. Este canto religioso remeda, como en Marx, el suspiro de una criatura oprimida y el corazón de un mundo sin corazón.

En la versión de Fandermole, los propios pescadores son conscientes de esa ilusión. "No pienses que nos perdiste", le dicen al Cristo de las Redes, "es que la pobreza nos pone tristes, la sangre tensa y uno no piensa más que en morir".

La sentencia es categórica. Los pescadores de Fandermole podrían haber salido de *Pedro Páramo* si en lugar de rosarinos fueran mexicanos y si en lugar de malvivir junto a un río de aguas marrones, vivieran en un desierto. Como los personajes de Rulfo, sospechan que el silencio de Dios es un castigo a su falta de fe. Pero tener fe no es fácil. Sobre todo cuando se tiene delante a un Dios indolente con la miseria que priva a los hombres y a las mujeres humildes de razones para vivir. Quizás por eso, al final de la canción, los pescadores dejan de mirar al Cristo, se resignan y desde sus barcas ensayan una fórmula más prosaica de resistencia: "Agua del río viejo, llévate pronto este canto lejos, que está aclarando y vamos pescando para vivir".

En ese momento no lo sé, pero la *Oración del remanso* me acompañará el resto del viaje y permanecerá conmigo cuando regrese a Barcelona. Con Liliana Delfino en la memoria, abrazaré a esos pescadores que han perdido la fe en un Dios inerte, inconmovible. Y con su misma convicción, me encomendaré al río, al amanecer, para que sean ellos, laicamente, quienes nos traigan un nuevo día y nos den fuerzas renovadas para vivir.

Mientras suenan los últimos acordes de la canción, las montañas y las nubes se tiñen de un rojo intenso, como si sangraran por dentro. Entre mate y mate, suena ahora *A Hard Rain's A-Gonna Fall*. Con su inconfundible voz ronca, Bob Dylan se pregunta, como si viajara con nosotros: *"Oh, where have you been, my blue-eyed son? / Oh, where have you been, my darling young one?"*

Cada vez que escucho esas líneas, una honda melancolía se adueña de mí. Pienso nuevamente en Dani y pienso en Lua, que no tienen los ojos azules, pero que se han quedado solos conmigo, conmigo y sin Vane, que los acariciaba y los cobijaba como solo ella podía hacerlo.

Minutos antes de llegar a Cerro Colorado, me escucho cantando, como si fuera Dylan en el festival de Newport: *"And it's a hard, it's a hard rain's a-gonna fall".* Lo digo con convicción, pero al otear el horizonte desde mi asiento del auto, apenas atisbo algún nubarrón inofensivo. No hay lluvia alguna dispuesta a caer. Ni fuerte ni débil. Solo un hilo de humedad que repta y se engancha al tapizado de los asientos y al volante que Mario sostiene relajado.

En medio de ese tiempo suspendido, Nati trae a colación otra referencia que le recuerda a nuestro viaje: *La estrella azul,* de Javier Macipe. Su protagonista es Mauricio Aznar, un Bob Dylan aragonés, más roquero y torturado, que acabaría sus días fulminado por una sobredosis.

Si mi viaje comienza en Barcelona, el de Mauricio se inicia en Zaragoza. Tanto él como nosotros compartíamos una obsesión: conocer la casa de Atahualpa Yupanqui. Unos meses antes, Vane y yo habíamos visto *La estrella azul* proyectada en la pared blanca del comedor de casa. El cáncer llevaba días abalanzándose sin contemplación sobre ella. Aun así, aquella tarde Vane aceptó subirse conmigo al autobús de Mauricio Aznar. Como cada noche a lo largo de nueve meses, le suministré su inyección de heparina para mejorar la circulación de la sangre. Tras esa delicada ceremonia, que Vane agradecía con una sonrisa tierna y resignada, nos metimos en la película y recorrimos el mismo camino al que ahora regreso con Mario y Nati.

El día en que Mauricio Aznar llega por fin a la Casa-Museo de Atahualpa Yupanqui, uno de los cuidadores le dice que está cerrada mientras la reparan. Mauricio le pide que haga una excepción. Le explica que viene de España y que don Ata significa todo para él. El cuidador no se conmueve. Toma su pala y se aleja sin hacerle mayor caso. Por un momento, parece que todo acaba ahí. Entonces ocurre algo mágico. Irrumpe en la escena un caballo alazán. Se acerca como un ánima piadosa hasta la tranquera de entrada donde está Mauricio. Lo mira y le ofrece el hocico blanco para que lo acaricie.

Desde que Vane no está, he repasado decenas de veces este pasaje de la película. A Vane le gustaban mucho los caballos. Siempre pensé que ellos, como yo, eran adictos a su olor. Vane les daba hierbas o un puñado de alfalfa y sabía cómo calmarlos, rascándoles el lomo o el hocico, como Mauricio Aznar.

Ahora, Vane, Mauricio Aznar y el caballo de *La estrella azul* son un mismo espectro que nos escolta en la noche cordobesa. Cuando llegamos a la Casa-Museo de don Ata, ni Vane ni el caballo están allí para nosotros. El lugar, eso sí, es precioso. Al bajar del auto, el pelo de Nati, más rojo que nunca, se confunde con los colores de la montaña. Le hago un par de fotos junto a Mario. Ella, a cambio, me retrata bajo un algarrobo frondoso, abrazado a una piedra en la que pueden leerse unos versos del maestro: "Si muero en mi madriguera, mirando los horizontes, no quiero cruces ni aprontes, ni encargos para el eterno, ¡tal vez pasando el invierno, me dé sus flores el monte!".

Atahualpa Yupanqui fue inscrito con el nombre de Héctor Roberto Chavero. Aunque nació en Buenos Aires de madre vasca, su padre era de Santiago del Estero y tenía antepasados quechuas. Su pseudónimo, Atahualpa, era un homenaje al último soberano inca. Unido a Yupanqui, su alias quería decir "el que viene de tierras lejanas a contar algo".

Lo que más sorprende de la Casa-Museo es cómo se ha borrado la memoria del Atahualpa más comprometido social y políticamente. Se habla, y con justicia, de la influencia que tuvo en él su poco reconocida compañera, la pianista y compositora canadiense Nenette Pepin Fitzpatrick. En cambio, no hay ni una sola línea que recuerde que fue comunista y poco o nada sobre su mirada crítica hacia los poderes tradicionales.

Mario y yo nos miramos y recordamos la frase de Walter Benjamin, el filósofo que atravesó como un cometa en llamas el firmamento cultural del siglo XX antes de naufragar en Portbou, mientras huía de los nazis: "Si el enemigo vence, ni siquiera los muertos estarán a salvo".

Benjamin no dice adversario, sin más. Dice el enemigo. Alguien que, como los Trump, los Netanyahu o los Bolsonaro de turno, quiere suprimir al diferente o a todo aquel que recuerde la inveterada resistencia de los más vulnerables a la opresión de los poderosos.

Hoy es la memoria desobediente de don Ata la que se remueve. Mañana pueden ser otras. Sea como fuere, la tarde es idílica. Sopla una brisa ligera y junto al río reposa un bar con mesas y sillas de madera. Pedimos unas cervezas y unas empanadas gloriosas de carne y verdura. Después caminamos por los alrededores, nos mojamos los pies en el agua y regresamos al Volkswagen azul dispuestos a emprender el viaje a Santiago del Estero.

Mientras la noche se cierra sobre los cerros cordobeses, la conversación con Nati y Mario sobre nuestros hijos me devuelve una vez más a Vane. Evoco la dura sentencia de Simone de Beauvoir a propósito del fin de Sartre: "Su muerte nos separa. Mi muerte no nos unirá. Ya fue hermoso que nuestras vidas hayan podido estar de acuerdo durante tanto tiempo".

Durante días estas palabras no me dejaron dormir. Llevo toda mi vida adulta oscilando entre el agnosticismo y el ateísmo. Ahora, tras la partida de Vane, soy simplemente incapaz de asumir una conclusión como la de Simone.

Cuando el Kierkegaard de *Temor y temblor* comenzó a llamar a mi puerta, cayó en mis manos un libro que me recomendó una amiga tucumana, Carolina Meloni. Se titula *A la salud de los muertos* y es de una filósofa de la ciencia belga, Vinciane Despret. Según esta autora, la mayoría de las personas no se resigna a la idea de que después de la muerte no haya nada y de que solo quede entregarse al duelo. Por el contrario, la antropología muestra cómo los vivos mantienen presentes a sus muertos de diferentes maneras. Algunos esparcen sus cenizas en lugares cercanos para ir a visitarlos. Otros les escriben cartas. Otros los frecuentan en algún onírico paisaje fraguado durante la noche. De todos los relatos que Despret recoge en su libro, uno me llamó especialmente la atención: el de la muchacha que se calza los zapatos de su abuela fallecida para que esta pueda seguir caminando por el mundo.

Si acepto las tesis del libro, en buena parte es porque vienen de Caro, quien además de ser tucumana y de vivir en Madrid, pasó su primer año de vida en diferentes cárceles de la dictadura y es nieta de un poeta al que quise mucho, Juan González.

Gracias a su ayuda, la frase de la admirada Simone de Beauvoir ha dejado de hacerme daño. Ahora que iniciamos el último tramo de nuestro viaje, vuelvo a constatarlo. Cuando amanece, al costado de la ruta, o cuando el atardecer se funde con la silueta de las montañas, ya no pienso en encontrar a Vane en un futuro por venir. Simplemente me calzo sus zapatillas negras y, como si renovara el amor que siento por ella, la evoco dentro de mí y le pido que me acompañe a acariciar un árbol, a reconocer un arroyuelo o a marchar juntos el 24 de marzo en Tucumán.

GUERRILLEROS

AL ENTRAR a Santiago del Estero por la frontera sur, Mario y yo sentimos que por fin nos deslizamos al fondo de nuestra Ítaca ancestral. Mario acelera, como si el corazón le latiera con más fuerza y como si en los montes del norte argentino una leal jauría de Argos se dispusiera a ladrar nuestra llegada.

En Santiago la lluvia ha apaciguado el todavía asfixiante calor de marzo. Tomamos una calle interior, de tierra, y a nuestro encuentro salen el monte interminable, el desamparo y una legión de mujeres y hombres pobres que parecen estar esperando la muerte.

Tras algunos minutos en los que el mezquite dulce alterna con duraznillos negros y otros arbustos de flores amarillas, nos invade la sensación de entrar en un mundo en el que la frontera entre la realidad y los sueños se difumina.

Quizás por eso, no nos sorprende que de pronto Nati nos diga: "¡Miren el río!" y ante nosotros aparezcan, bajo un árbol que podría ser un sauce, Mauricio Aznar, el roquero suicida de *La estrella azul*, conversando con Carlos Carabajal, el eximio folclorista muerto también hace casi veinte años.

El diálogo fantasmal transcurre a la sombra mordida de la siesta santiagueña. Mauricio, el músico maldito, sufre una crisis de creatividad. "¿Nunca ha tenido usted la sensación de que no le iba a volver a salir nada con gracia?". Atrincherados en el auto azul, no escuchamos nada y escuchamos todo. La pregunta de Mauricio no es zaragozana ni santiagueña: es universal.

Interrogado sobre la clave del arte de atraer a las musas, el patriarca de los Carabajal se toma las rodillas con las manos y se balancea ligeramente hacia atrás: "Esto es como las mujeres. El verdadero conquistador no es el que las consigue después de mucho insistir. Es el que hace que ellas se acerquen".

Mauricio suelta un conato de carcajada: "¡Claro! Pero ¿eso cómo se hace?". El maestro deja caer una pista: "Hay que relajarse. Y después las canciones vienen solitas". La respuesta parece irrefutable, pero no es evidente. Si ante la indiferencia de las musas nos limitáramos a esperar, no habría arte, ni amor, ni revoluciones posibles. Por eso, nuestra suerte está atada a la paciente impaciencia, que permite distraerse cada tanto, pero trabajando y tomando la iniciativa para que lo nuevo pueda surgir.

Mientras nos perdemos en estas reflexiones, nos percatamos de que también nuestro auto azul necesita gasolina. Con una voz pegajosa de recién levantado, comento que hay una estación de servicio a pocos kilómetros. Mario pone a trotar nuestro coche en esa dirección como si fuera un jabalí solitario. A nuestras espaldas, Mauricio Aznar ha abandonado sus desvelos sobre la creación artística y ha decidido entregarse a las aguas mansas del Mishki Mayu, que es el nombre del río Dulce en quechua. El roquero zaragozano se sumerge gozoso en el agua espumosa. No lleva traje de baño, así que lo hace de modo austero, con unos calzoncillos tipo *slip* y con las tetillas activadas por ráfagas de escalofríos.

Nati, Mario y yo, que conocemos el final de Mauricio, decidimos no abrir una discusión sobre la paciencia o sobre el suicidio. Sin embargo, mientras el Volkswagen azul se desliza con desgana junto al río, desfilan por nuestro pecho los nombres de quienes cerraron la puerta de la vida cuando esta no valía ya la pena. Pasa Malcolm Lowry, borracho debajo del volcán que creció en su últi-

ma habitación, en Sussex. Pasa Anne Sexton, encerrada
en el garaje de su casa, con la luna girando como un tor-
nado en una palangana. Y pasa Alejandra Pizarnik, con
un ataque súbito de tristeza en la noche de colmillos de
lobo.

Yo siempre he conectado, como mi hermana Reini,
con ese arrebato que Eva y otros amigos cercanos tratan
de alejar de mí preocupados. No es un impulso oscuro ni
desesperado, pero está ahí, como los remolinos de espuma del río Dulce en el que Mauricio Aznar se bañó por
primera y única vez.

A veces querría que esos arrebatos fueran más desa-
fiantes y expresaran una vehemencia más festiva. Otras,
simplemente aspiro a ser como Vane. Un miembro reser-
vado, sin estridencia, de la piara de Epicuro. Vane amó
la vida y los placeres sencillos, como ducharse o nadar.
Cultivó su pequeño jardín y cuidó a las amigas. Y, sobre
todo, no temió a los dioses ni a la muerte en el momento
decisivo.

Ella siempre me decía que yo era divertido, pero que
arrastraba dentro de mí un lamento andino, una lánguida
añoranza que nunca me abandonaba del todo. Yo me
enfadaba cuando ella desplegaba esas tesis, pero sabía
que llevaba razón. Por eso la buscaba tanto y me escondía
bajo sus muslos. Para encontrar la paz y para acallar
mis pulsiones mortuorias con una actitud más alegre y
jaranera.

Un año que visitamos Argentina, Vane, como Mauricio
Aznar, se bañó en el río Dulce y en las Termas de Río Hondo. Tampoco ella sabía que sería la última vez y tampoco
le importó. Se bañó, leyó *La traición de Rita Hayworth*, de
Manuel Puig, y bailó al son de las chacareras santiagueñas
con el mismo desparpajo con el que, ya enferma, bailó con
Ada y sus hermanas. En realidad, ella siguió bailando y
siguió buscando el sol de Santiago o del Mediterráneo

hasta el último aliento. Cuando el cáncer le impidió tomar
sus baños de sales y concentrarse en la música, sintió que
no tenía sentido seguir adelante y decidió cerrar la puerta con una mueca serena y risueña.

Mientras pienso en esa manera tan spinoziana de Vane
de huir de las pasiones tristes y de perseguir las alegres,
Mario me pide un mate y se ocupa de llevar nuestro Volkswagen azul a la estación de servicio. Al llegar, un muchacho que parece haber dormido entre neumáticos y botes
de lubricante para motores, se acerca y me dice: "Meno'
mal que ha llovío estos días. Hasta la perra negra está
tranquila".

Cuando el muchacho dice "perra", se le ven las encías
blancas que ningún dentista ha frecuentado. La erre arras-
trada con la que dice "perra" parece haber sido dibujada
con una rama en el suelo. Yo lo oigo y ese acento santiagueño vecino del tucumano me toca el alma, aunque sea
incapaz de reproducírselo a Eva en un audio.

El muchacho de las encías blancas y yo conversamos
un rato sobre fútbol y sobre el efecto benéfico de la lluvia
en estos días de calor. Aprovecho para ir al baño. En las
paredes de la estación de servicio se anuncian, pintados
con letras rococó azules y rojas, los platos que se ofrecen
a los viajeros: sánguches de milanesa, keppes, empanadas
santiagueñas y ensaladas.

Tras un brevísimo debate interior, me decanto por el
keppe crudo, que refleja la influencia sirio-libanesa en
el norte argentino. La muchacha que lo prepara parece
una loba capitolina. Tiene los senos caídos, fatigados, y
arrastra sus erres con cierta melancolía. La bondad del
keppe es indiscutible. La carne picada, el trigo bulgur, las
especias. Todos los ingredientes pasan la prueba. Ningún
mordisco me transporta a memorias pretéritas, pero de-
vuelvo a la cocinera una sonrisa agradecida y renovada,
como el paisaje de las Termas recién lavado por la lluvia.

De regreso al coche, veo que Nati ha vuelto a retomar el timón y que Mario comparte el asiento trasero con un desconocido. Nati se lleva el índice a los labios para indicarme que entre sin hacer ruido. Obedezco. Echo un último vistazo a la perra santiagueña, que perfecciona un estado de calma zen, y me siento al lado de Nati en el asiento delantero. Por el espejo retrovisor veo a Mario, recostado tras sus ojos verdes junto a un hombre de rostro aindiado y los labios sellados.

Un rápido intercambio de miradas con Nati y lo entiendo todo. El hombre no es Carlos Carabajal, ni mucho menos Mauricio Aznar, que continúa sumergido en el Mishki Mayu, pálido y feliz como un cocodrilo albino. Es Francisco René Santucho, hermano de Roberto y posiblemente asesinado en 1975.

Para encontrar a su padre, Mario lleva años hablando lateralmente con Bombo Ávalos, el militante proletario, y con su tío, Francisco René. También ha recorrido los recodos del monte en Santa Lucía y las tierras tomadas por el Movimiento Campesino de Santiago del Estero. Pero su padre, como el mío, es una silueta movediza, un fantasma amarillento lleno de tierra y de vida.

Francisco René Santucho es un espectro diferente. A veces aparece en el auto azul en medio de Buenos Aires, pero sobre todo lo hace cuando Nati y Mario visitan Santiago. Es parco en palabras. Si coincide en el asiento trasero con la Negrita, ella no ladra. Ahora, que ha subido con Mario en la estación de servicio, apenas intercambian algunas miradas.

De los diez hermanos Santucho, Francisco René es el cuarto. Lleva el nombre de su padre, oriundo de la localidad de Gramilla. Ambos son callados, pero el Negro, como le dicen sus hermanos, no cumple con las expectativas de sus progenitores. La escuela lo aburre. Prefiere buscar libros por su cuenta y devorarlos entre los eucaliptos del Parque Aguirre. A pesar de la presión del padre, no acaba sus estudios secundarios. Salta de Shakespeare al nacionalista Haya de la Torre y de ahí a José Carlos Mariátegui, el socialista genial que andaba en silla de ruedas.

Mientras sus hermanos y hermanas miran a Buenos Aires o a Europa, Francisco René mira a los indios. Recorre todo Santiago y se mezcla con ferroviarios, hacheros y campesinos que hablan quechua cuando quieren que sus patrones no los entiendan.

Una tarde de 1942, con solo 17 años, el Negro Santucho pasa delante de un espejo en casa de su tío. La imagen que le devuelve el azogue no le gusta: ve un joven aindiado de piel marrón y pelo oscuro, pero vestido como un burgués. Irritado, intenta suprimir esa contradicción. Busca un revólver y se dispara en pleno pecho. No se mata, pero de esa herida nace un pensador original que revoluciona culturalmente su ciudad.

Por su carisma y su formación, Francisco René es conocido también como el Cacique. Cree que la proscripción del peronismo obliga a buscar nuevos caminos de resistencia y liberación. A diferencia de muchos pensadores de su tiempo, él ve en Santiago y en Tucumán, en el subsuelo quechua y aymara de sus pueblos, no la periferia atrasada de Argentina, sino el corazón geográfico de un posible proyecto de liberación indoamericano.

Para el hermano mayor del padre de Mario, indoamericano es preferible a hispano o latinoamericano, una expresión popularizada por el colonialismo francés. El asunto no es sencillo. Visto desde Cuba, Colombia, Haití o Brasil, lo indo se transforma en indoafroamericano. Y si a eso se le suma la herencia ibérica, el resultado sería lo indoafroiberoamericano, una categoría más comprensiva de esta compleja realidad del Sur Global.

Lo importante, en todo caso, es la centralidad que Francisco René Santucho otorga a la realidad indígena y campesina en cualquier proyecto de liberación social y nacional. Sobre eso escribe y por eso viaja a Bolivia. Para estudiar quechua y para contactar con los herederos de Túpac Katari, el caudillo aymara que protagonizó una de las más grandes rebeliones contra el dominio español en el Alto Perú del siglo XVIII.

Ahora, mientras avanzamos en silencio por la ruta 9, Francisco René Santucho toma conciencia de que ha sido secuestrado, acaso asesinado, sin que sus expectativas revolucionarias se hayan visto cumplidas.

Mario y yo sabemos que no es así. Si pudiera escucharnos, le contaríamos la gesta de Evo Morales, primer presidente aymara del continente, y de su compañero Álvaro García Linera, uno de los grandes difusores del katarismo. Y le hablaríamos, además, del enorme impacto de las revueltas del Buen Vivir, que nos recordaron que, si la codicia vuelve inhabitable a Abya Yala, a esa tierra nuestra que florece, todos, todas corremos peligro.

Francisco René no está en condiciones de ver ese destello que llega del futuro. Por eso se acomoda en el respaldo del asiento trasero y se desabotona la camisa para mostrarnos su ennegrecida cicatriz en el pecho. Luego nos dice algo en quechua, pero ni Mario ni Nati ni yo conseguimos descifrar qué.

A mí me gustaría que lo que acabamos de oír fueran las palabras que culminan la película peruana *Reinas.* Allí, un padre ausente que vuelve a ver a sus hijas adolescentes después de años les dice, a modo de legado: "*Chakikuna allpapi, ñawikuna hanak pachata qhawaspalla, mana imapas mana atinalla*". No es una frase más. Es una consigna de vida, que en quechua significa: "Con los pies en la tierra, con los ojos mirando el cielo, nada es imposible".

No sé qué nos habrá confiado Francisco René Santucho desde el asiento trasero del Volkswagen azul, pero querría que fuera eso. Un conjuro de época que permita decirnos, sin autoengaños, "mantengamos los pies en el suelo", para inmediatamente añadir, con pareja convicción, "pero con la mirada puesta en el cielo, porque nada es imposible".

Yo querría que eso fuera verdad y también que hubiera esperanza para los rebeldes pueblos indios del norte argentino. Para lo que queda de los quechuas, de los aymaras, de los guaraníes, tan invisibles para Buenos Aires y para Europa y, sin embargo, tan presentes bajo múltiples formas.

Porque lo cierto es que el espejo que Francisco René Santucho nos pone delante no me deja indiferente. ¿Cómo va a dejarme indiferente, tras tantos años en la otra orilla del Atlántico, el rescate que hace de Juan Balumba, aquel indio santiagueño desnudado, rapado y azotado por haber osado vestirse *como español* en pleno siglo XVIII?

Yo mismo me he preguntado si como diputado de ultramar no me habré vestido *como ellos* para desafiar una mirada colonial que nos querría fuera de cualquier espacio institucional. Y también estoy seguro de que, en la cabeza delirante de los nuevos encomenderos, debería ser rapado y azotado por ello.

Cuando pienso en estas cosas, recuerdo un día en Barcelona en el que Vane y yo mirábamos vídeos tumbados en el sofá de casa. De pronto vimos uno en el que Diego Armando Maradona conversaba con un periodista andaluz. El periodista le preguntaba si era verdad que tenía sangre guaraní en las venas. Diego sonreía y decía que sí, porque su padre era de Corrientes. Cuando el periodista le repreguntaba qué implicaba esa ascendencia guaraní, él respondía: "Es una sangre como todas, pero con más coraje, con más fuego".

Mientras viajo por Santiago con Mario, con Nati y con Francisco René Santucho, yo mismo, hijo de correntino, siento un orgullo parecido. Me gusta pensar que el *Flaco* Pisarello también tenía en las venas una mezcla explosiva de sangre italiana, vasca y guaraní. Y que su coraje, su valentía, pasó a mi hermana Tatá, cuyo nombre, justamente, significa "fuego" en la lengua que también hablan los tupíes y los chiriguanos.

Ese coraje norteño ha dado dignas revueltas que fueron violentamente aplastadas por los poderosos de turno. Se hizo con Túpac Katari y Bartolina Sisa en la Bolivia anticolonial e insurrecta del siglo XVIII. Ocurrió con los indios quilmes en Tucumán, ocurrió con mi padre y con muchos miembros de la familia Santucho, y ocurrió en el fútbol con Diego Maradona, a quien nunca le perdonaron que no renegara de su clase.

Justo en el momento en que intento explicarle a Mario la influencia guaraní en los Pisarello, veo que Francisco René ha desaparecido. Mario no parece advertirlo, pero no queda rastro de su impecable camisa. Tampoco de su negra herida de bala, ni de esos ojos luminosos que entrevieron una América quechua, amazónica, hija de la tierra y del agua bien repartidas, como dijo Pepe Mujica antes de morir.

No me he recuperado aún de esta extraña alucinación que juro haber sentido en la piel cuando Nati aparca junto al Patio del Indio Froilán. El Patio es un mítico espacio cultural de Santiago. Entre los ceibos y las mesas al aire libre se bailan chacareras, zambas y escondidos. Los visitantes pueden comer empanadas y libar el vino que algún Prometeo santiagueño robó a los dioses. No hace falta encadenarse a ningún peñasco. El peñón son el bar y las mesas junto a las que Froilán *el Indio* González moldea sus bombos artesanales.

Al abrirnos paso entre el gentío, Nati reconoce en una mesa al fantasma de Mauricio Aznar, nuestro roquero zaragozano. Se lo ve renovado tras su baño en el Mishki Mayu, con sus patillas recortadas y su peinado estilo *pompadour*. En un momento dado, Mauricio levanta su vaso de vino y brinda a la salud de la Pachamama. Luego se levanta, entre guitarras, violines y un bombo legüero, y baila una chacarera dedicada a la figura mítica de la Telesita. En las versiones más queridas por el pueblo, la Telesita es una joven campesina, bella y pobre, que muere quemada al buscar la protección del frío junto a una fogata. Desde entonces vaga como un alma en pena y los campesinos le dedican chacareras y beben a su salud para que sus deseos se cumplan.

"Que baile la Telesita —zapatea Mauricio Aznar— dulce y fragante como las flores / gritaba la paisanada / emborrachada de amores / Qué busca la pobrecita / tal vez la danza le dé un consuelo / Tu pollera remolino / tus pies descalzos, trompo de fuego".

Cuando Nati escucha esas palabras, le pide a Mario que baile con ella, como cuando se conocieron en la marcha de las antorchas, un 24 de marzo como el que nos espera en Tucumán. Mario duda. Su biografía caribeña le pesa demasiado. Avezado en el arte de la salsa aprendida en Cuba, reprocha a sus ancestros no haberle legado similar destreza con las danzas santiagueñas. Yo ni siquiera lo intento. Apenas me limito a tamborilear con los dedos sobre la mesa y a marcar el paso con las zapatillas de Vane.

El entusiasmo de la gente bailando me transporta sin buscarlo a mi boda con Vane en Riudarenes. También allí hubo bombos y trompetas y guitarras, en medio de un campo rodeado de ginestas y de cerezos en flor. Vane, como la Telesita, tenía los pies y el hígado en llamas, pero estaba radiante con su ramo de flores blancas y no dejaba de mover las caderas al son de *La vieja molienda*.

"Si mi novio hubiera leído algún poema o libro en su vida —dice Gabriela Wiener en *Atusparia*— podría haberme dicho 'Tu cabello es un reino cuyo rey es la oscuridad', pero en cambio me dice tu *presioso* pelo. Le gusta cepillarlo y hablar de él como se habla del amor verdadero".

Tampoco yo, que acumulo libros y polvo en los rincones más recónditos de mi casa, soy capaz de mejorar ese piropo. Por eso, cuando tenía a Vane cerca, solo acertaba a acariciarle la cabeza y a decirle "tu *presioso* pelo", y a hablar de él como se habla del auténtico amor.

Ahora, en Santiago, desfilan ante mi mesa, como en un onírico baile de máscaras, Ada, que ofició de maestra de ceremonia republicana en nuestro casamiento; Antía, que nos dedicó un bello poema en gallego; y Juan Diego, que hizo presente entre nosotros al viejo Walt Whitman.

Veo entre guitarras a todos esos amigos queridos, que son también mi tribu política, y me embarga una alegría perfecta y siento una descarga eléctrica en los pies. Me yergo y de pronto siento como si otro zapateara por mí, dentro de mí. Y lo mismo le pasa a Mario, que toma de la mano a Nati y comienzan a girar en la pista como si hubieran bailado chacareras toda su vida, mientras de los violines echan a volar tórtolas y zorzales.

Cuando las odas a la Telesita comienzan a apagarse, Mario se me acerca, feliz con su nuevo talento, y me dice al oído: "Che, ¿por qué no les decís que toquen la chacarera que *Peteco* Carabajal compuso para mi viejo?". Yo lo miro incrédulo, como si me estuviera gastando una broma. A Mario le sube la risa hasta los ojos verdes y me insiste: "Vos andá". Poco convencido, me acerco al escenario y hago la petición a uno de los guitarristas.

En ese momento se hace un silencio. Las tórtolas y los zorzales se retiran a sus ramas y una mancha de nubes grises se cierne sobre el escenario. Las parejas miran a los músicos y yo miro a Mario. Ahora llega el momento, me digo, en que anuncian, como es lógico, que no pueden cumplir con el pedido porque esa chacarera no existe.

Sin embargo, ocurre lo imprevisto. Con un ritmo endemoniado que levanta el polvo del Patio, *Peteco* Carabajal, hijo de Carlos Carabajal y de una larga saga de músicos santiagueños, comienza a cantar al corazón de un niño en el que "la madre sembró ternuras" y al que el padre "dio alas y aliento para el camino". Entonces, la gente empieza a bailar con un entusiasmo que no se veía hacía mucho tiempo. Las guitarras echan llamaradas azules y anaranjadas y yo sigo mirando a Mario, feliz, palpitante. En ese momento, Peteco, cantor del pueblo, desvela la identidad de ese pequeño ya hombre tocado por los dioses quechuas: "Roberto Mario Santucho / guerrillero santiagueño / Ni la muerte ni el olvido / podrán vivir en tus sueños / Amor revolucionario / pasión que no se detiene / la mística, la bandera y la lucha regresan siempre".

Estas palabras de *Peteco* Carabajal deben bailarse, no solo oírse. Cuando lo hago, siento que levito a la altura de las mesas con los brazos abiertos como una zumbona bruja de Goya, sin apenas darme cuenta de todo lo que crece dentro de mí. Porque lo que oigo no es el documento de un partido político ni un docto análisis sobre las formas correctas de llevar adelante una revolución. Es el homenaje sincero, festivo, de un poeta y músico santiagueño a un rebelde hijo de su tierra.

Si yo mismo me siento poseído por lo que escucho y danzo es porque Peteco desentierra lo deliberadamente enterrado: las razones y el recóndito canto que llevaron a cientos de jóvenes argentinos a convertirse en guerrilleros —como Martín Miguel de Güemes, como Manuela Pedraza, como Juana Azurduy— tras ver a su gente violentada y arrasada una y otra vez.

Como en el poema de Rilke, a muchas y muchos de esos jóvenes no les preocupó durar. Su ascenso era ser constantemente en combustión y en la cambiante constelación de su continuo riesgo. En esa declinación del compromiso yo reconozco a un Pepe Mujica y a un Roberto Santucho. A un Rodolfo Walsh y a una Dilma Rousseff, a un Gustavo Petro y a un Álvaro García Linera, y a muchos otros jóvenes de su generación que no aceptaron consentir indolentes la avaricia y la crueldad de una minoría insaciable.

En esa pasión por la justicia, con todos los errores que se quiera, sigue batiendo un sueño imperecedero: el de un mundo "sin dueños y sin fronteras". Se pueden discutir y repensar los medios para conseguirlo. Pero las razones de ese sueño permanecen intactas. Por eso, incluso ahora, cuando el poder, el dinero y las armas de una oligarquía desvergonzada amenazan con arrasarlo todo, la mística del canto y de la lucha no deja de regresar.

EL FLACO

HA BASTADO un vaso de vino en el Patio del Indio Froilán, han bastado las caricias engañosas de Calipso, para que los Nadie aparezcan súbitamente en Corrientes, donde dos muchachas guaraníes peinan durante horas a la abuela Delfina.

"¿Dónde has estado, hijo mío de ojos azules?", le digo a Ángel Pisarello, que juega con una naranja en un patio y que tiene los ojos negros como las noches de su Saladas natal.

"¿Dónde has estado, mi jovenzuelo querido?", le repito, como si pudiera conocer la letra de una canción de Bob Dylan compuesta cuarenta años después. Y Ángel Pisarello, que es enjuto y magro como mi Dani cuando se disfrazaba de caballero andante, estira las manos y me muestra sus uñas de pantera.

"¿Dónde has estado, hijo mío?", le insisto yo, con toda la ternura de la que soy capaz. A sus once o doce años, el Flaco no baja las manos. Las mantiene extendidas y me mira con sus ojos negrísimos como los de un lobito de río, para que yo entienda que el maestro lo acaba de humillar delante de sus compañeros.

"¿No le da vergüenza venir con las uñas sucias, Pisarello?", le ha espetado delante de toda la clase. Y a mí, que sé que trabaja en una imprenta y que las llevas manchadas de tinta, me da un ataque de rabia y pena. Yo querría abrazarlo sobre mi pecho, pero Ángel Pisarello no quiere mi abrazo. Me aguanta la mirada de azabache y me vuelve a estirar las manos. Y veo que las uñas ya no son negras, sino rojas, como las de una fiera salvaje.

Y veo al maestro agresor en el suelo porque Angelito Pisarello, el Flaco, lo ha tumbado de un puñetazo a la vista de todos.

"¿Me hacés un lugar en tu balsa, Angelito?", le digo años después, mientras se adentra lentamente en la laguna Soto, rodeada de lapachos y eucaliptos. Me hace un lugar a su costado sin decirme nada. Después se pone de pie y, con los brazos largos como una boa curiyú, saluda a su hermana con un pañuelo empapado en lavanda. Desde la balsa, yo puedo ver a mi tía Cambita, que no sabe que es mi tía, y que llora porque piensa que no verá nunca más a su hermano.

"¿Dónde has estado, hijo mío de ojos azules?", le vuelvo a preguntar al Flaco, que a sus veinte años ya no se parece a Dani, sino más bien a Franz Kafka. Sigue siendo alto y espigado, con los ojos negros y las orejas grandes y separadas, como las de mi hermana Ani. Va repeinado con gomina, baila el tango con la misma soltura que Mario Santucho la salsa o la chacarera, y lleva un pañuelo blanco en el bolsillo del traje.

Le hago infinidad de preguntas. Le inquiero Angelito *esto*, Angelito *aquello*, pero el Flaco no responde. A veces emite un silbido imitando al juan chiviro que vuela a nuestro alrededor con su ínfima cabeza gris y sus manchas rojas. En general solo me observa, con una mirada pícara, y a veces me pasa el brazo sobre el hombro, afectuoso.

Yo me adentro en su silenciosa jerga y continúo haciéndole preguntas. ¿Cómo voy a dejar de preguntarle si llevo como él las uñas llenas de tinta, aunque nunca haya trabajado en una imprenta? ¿Cómo voy a renunciar a interrogarlo, si ambos tenemos el pelo liso y negro de las tribus tobas? ¿Cómo no voy a seguirlo si vemos con rabia a los que humillan al débil y somos capaces de reírnos a carcajadas del mismísimo Satanás?

Así que ahí voy yo, corriendo agitado detrás de Ángel Pisarello, maestro de escuela, como su madre, como sus hermanos. Lo persigo por Resistencia, por Rosario, por Córdoba, donde lee y se revuelve contra las injusticias.

"¿Por qué te echan de todas las universidades?", le digo. Él me sigue mirando en silencio, y me pasa un ejemplar de *Che retá*, que quiere decir *Mi tierra* en guaraní. Está escrito por Gerardo *Tico* Pisarello, escritor del pueblo y comunista convencido. Mi padre y yo llevamos el nombre Gerardo por él, por Tico, y el Flaco lo utiliza como coartada para justificar sus expulsiones.

Cuando llegamos a Tucumán, Ángel Pisarello aligera el paso, como si hubiera encontrado su lugar en el mundo. Me lleva a la casa de Las Piedras 772. Por primera vez intenta decirme algo. Quiere hablar, pero le sale espuma. Quiere decir muchísimo y se atolla, como en el poema de César Vallejo. Suelta algunas frases inconexas y cantarinas, con un fuerte acento correntino. Yo hago un gran esfuerzo por entenderlo, pero sus palabras se deshacen como un alfajor de maicena apenas salen de su boca.

Tampoco sé qué contestarle ni en qué idioma. Mientras desempaca su pequeña maleta, le cuento que también Lua y Dani han visitado la casa de Las Piedras y han leído una placa en la acera que lo recuerda. Angelito, el *Flaco* Pisarello, no sabe aún que lo matarán y que dejará en los suyos un rastro persistente como el del perfume de los naranjos. Quizás por eso me mira con una sonrisa amable y triste. Tampoco él entiende mi acento, que ni siquiera es del todo tucumano, ni ciertas palabras que le digo en catalán ni mis preguntas de otro tiempo.

El *Flaco* Pisarello no me entiende, pero me mira seguro de que podría reconocerme ciego y sin olfato, a kilómetros de distancia. Deshace su maleta con unas cuantas camisas y unos libros, atravesamos el zaguán y llegamos a la calle. Allí, en la entrada, cuelga un cartel con un nombre: *Caburé.*

En Corrientes, caburé es el nombre guaraní del rey de los pájaros. Según la leyenda, es el ave más hermosa que creó el dios Tupã. Su canto es tan bello que ningún animal puede dejar de escucharlo.

El Flaco intenta explicarme con los ojos que el misterio y la magia acompañarán siempre a la vieja casona de Las Piedras 772, y que el canto del caburé, como el del juan chiviro, seguirá atrayendo a estudiantes, mendigos y trabajadores del azúcar, ávidos de tener lo que todos los humanos anhelan: suerte en la vida, protección ante el peligro y atracción en el amor.

Hay un momento en que una niebla espesa y picante me impide ver a mi alrededor. Es el humo de los locros que el Flaco prepara con arte de hechicero en enormes ollas de hierro para los estudiantes pobres que vienen a la casona de Las Piedras a pasar unas noches y a formarse. Entre el olor a chorizo y a alubias, el Flaco bromea y lanza insultos en guaraní, mientras les explica, como Simón Rodríguez a Bolívar, que al que nada tiene cualquiera lo compra y al que nada sabe cualquiera lo engaña.

Si cierro los ojos, veo al Flaco estudiando Derecho con carne de presidio. Si los abro, se me aparece junto a mi madre y mi hermana Tatá en el Parque 9 de Julio. Aurorita Prados parece una poeta existencialista con su suéter negro de cuello y su larga falda de color crema. Angelito abraza por detrás a Tatá, que es apenas una renacuaja, en una suerte de pasarela de madera. Aurorita, mi futura madre, ha dejado a algún candidato en la puerta del altar para casarse con este caburé magro, doce años mayor que ella, que la ha deslumbrado por su canto y por su inteligencia.

El Flaco ya no recuerda tanto a Kafka, pero las ojeras se han consolidado. Va de traje y corbata, impecable, con el bigote recortado y engominado como siempre.

Cuando Tatá deje de ser pequeña, el Flaco la escuchará atentamente y cada tanto le dirá: "¿Dónde has estado, hija mía de ojos azules?". Mientras el Flaco pronuncie estas palabras, en el tocadiscos sonarán tangos de Julio Sosa, zambas de Atahualpa y boleros de Nat King Cole. Tatá es la hija mayor y el Flaco la respeta. Hablan largamente, de hija a padre y de padre a hija, y cuando cae la noche el Flaco le da el beso que yo no pude darle en Navidad, cuando ella cantó por última vez como una tacuarita azul y me avisó que volaría lejos para siempre.

En un largo audio que me envió, con Vane todavía atravesada en la piel, mi hermana Tatá me decía que conocía bien el dolor por el que yo estaba pasando. Me recomendaba no rechazarlo, porque ese dolor, aseguraba, nos ayuda a ver con más claridad la presencia de la muerte en la vida, a huir de la vanidad y a ser más compasivos.

Yo escucho varias veces ese audio de Tatá, que fue mi hermana madre y que llevaba más de treinta años rota tras la pérdida de su hija María del Pilar, como consecuencia de una hepatitis despiadada, y se lo acerco al *Flaco* Pisarello. Se lo acerco para que lo escuche también él. Para que lo escuche y me diga si Tatá lleva razón y si al final de la vida ese dolor puede ser útil en algo o es una desgracia sin paliativos.

Al Flaco se le humedecen los ojos negros y siente una congoja que le cierra el pecho. Finge que no me escucha y se queda mirando a Tatá, que de pronto vuelve a tener un año y gatea en su estudio de abogado. A veces desparrama los papeles y las carpetas que hay en el escritorio y rasga algún papel. Yo miro a esa Tatá bebé y pienso en Lua, que también era un torbellino precioso a esa edad, con sus faldas rojas y sus botitas marrones, y que también garabateaba mis libros con estrellas azules, verdes, naranjas.

Si cierro los ojos y los vuelvo a abrir, el Flaco aparece tipeando una carta de Tucumán a Resistencia, en la provincia de Chaco, dirigida a mi abuela Delfina. En ella le dice que ha sido elegido senador en Tucumán, que su mujer Aurorita es "un prodigio de memoria y comprensión" y que ha comenzado a estudiar abogacía.

Cuando el Flaco escribe esta carta tiene treinta y ocho años, uno más de los que tenía yo cuando nació Lua. Una vez que mete la hoja color sepia en el sobre, se queda perdido mirando por el balcón que da a la calle. No sabe que en los años que siguen nacerán mis hermanas Reini y Ana María, a las que también alzará en brazos y perseguirá por su estudio. Tampoco sabe que, con tres hijas pequeñas a su cuidado, Aurorita, ese "prodigio de memoria y comprensión", nunca será abogada. Ni que un día le pondrán una bomba que destruirá el balcón desde el que ahora mira pasar perezosamente algunas bicicletas.

Yo descanso los ojos, sentado en un sofá, y cuando los abro me encuentro al *Flaco* Pisarello escuchando las noticias mientras bebe una copa de coñac Tres Plumas en el patio. Por la radio informan que sectores del Ejército y de la Armada se han levantado contra Perón y han bombardeado Plaza de Mayo, en Buenos Aires. Con el sonido de fondo de los locutores, el *Flaco* Pisarello hunde la cabeza entre las manos. Un presentimiento aciago lo asalta.

"¿Qué tenés, Angelito?", le pregunto yo, "¿qué extraña culpa te persigue?". El Flaco tampoco contesta esta vez, pero tiene la cara de alguien que ha visto el futuro en un destello de luz. Porque el Flaco no solo ve la sangre de los bombardeos que su propio partido ha instigado o tolerado. Como si fuera un adivino o un zorzal colorado con poderes sobrenaturales, el Flaco ve en un fogonazo la proscripción del peronismo y siente que una época áspera, que marcará para siempre su vida y la del país, está por llegar.

Entre 1948 y 1952, el *Flaco* Pisarello llega a ser el único senador radical de Tucumán en una Cámara en la que todos los demás son peronistas. A menudo no lo dejan hablar, y en algún diario de sesiones puede leerse: "Senador Pisarello, no tiene la palabra, ¡y bájese de la mesa!".

Por criticar a Perón, el Flaco pasa algunas veces por la cárcel. Sin embargo, la represión y los crímenes que ve ahora son algo infinitamente más atroz. Tras el nefasto golpe de Estado de 1955, Ángel Pisarello se convierte en abogado defensor de quienes habían sido sus adversarios.

Mientras lo veo abatido en el sillón del patio, querría decirle que también yo, en honor a su historia, fui a un acto en Buenos Aires para solidarizarme con la expresidenta Cristina Fernández cuando intentaron matarla. Y que en aquella ocasión recordé a compañeras y compañeros peronistas desaparecidos, y evoqué al Che cuando pedía que sintiéramos como propias las injusticias cometidas contra cualquiera en cualquier lugar del mundo.

También me gustaría que supiera que hice lo mismo, ya en Barcelona, cuando encarcelaron injustamente a dirigentes políticos y sociales por haberse movilizado a favor de la independencia de Catalunya.

Querría contarle que, pensando en él, en el *Flaco* Pisarello, fui a visitar a la cárcel a Joaquim Forn, que había sido adversario mío, y también a Jordi Cuixart, por quien siempre he sentido un aprecio cómplice. Jordi me dio una carta para mi hijo Dani en la que citaba a Rosa Luxemburg, donde decía que tanto en la vida privada como en la pública había que luchar con convicción, sin perder nunca la sonrisa.

De regreso de ese pensamiento, me encuentro a Ángel Pisarello rejuvenecido por las luchas callejeras de los años sesenta. Tiene cincuenta años, pero parece un jovenzuelo de treinta. En sus mítines callejeros, explica que su partido, la Unión Cívica Radical, conquistó el derecho al sufragio mediante una revolución realizada a plena luz

del día. Lejos de asumir posiciones tibias, el *Flaco* Pisarello defiende a Sandino, general de hombres libres, y
hace escuchar a los más jóvenes discos en los que Julio
Cortázar elogia la Revolución cubana. Ese es el Pisarello
que bajo una lluvia de adoquines defiende la educación
laica en Tucumán, frente a los democratacristianos a los
que llama "democratacretinos". Ese es el internacionalista que antes de ser designado embajador en Tanzania ya
es un admirador de Lumumba y propugna un panafricanismo emancipador.

Cuando Onganía derroca cobardemente a su amigo,
el presidente Arturo Illia, y expulsa a profesores de las
universidades en la Noche de los bastones largos, el Flaco se suma a las luchas contra la oligarquía azucarera y
contra los capitales que le dan apoyo desde Buenos Aires.
De madrugada lanza cócteles molotov desde su Fiat 1500
contra los funcionarios de la dictadura y comparte tribu-
na y amistad con Agustín Tosco, el sindicalista indoble-
gable del Cordobazo.

Este Flaco, que acompaña a los trabajadores del azúcar
y que pasa largas noches en los barrios humildes de Villa
Alem o Tafí Viejo, todavía hace reír a mi madre y todavía
la abraza por detrás, como en aquel balcón en Dar es-Salam bañado por los vientos del océano Índico.

Feliz en el amor y en la lucha revolucionaria, corre en
calzoncillos por la casa, delante de mis hermanas, y luego se gira y les muestra el culo. Ellas gritan y se tapan la
cara, pero la anécdota pasa de generación en generación,
y yo repito la broma en Barcelona, con Dani y Lua, décadas después.

Es posible que el *Flaco* Pisarello esté feliz porque no
sabe que la historia está a punto de dar un giro drástico.
En Estados Unidos, el Departamento de Estado ha de-
cretado que no habrá más revoluciones como la de los
barbudos cubanos, o como las de los africanos insurrec-

tos, o como las que se atisban en Italia u otros países. Y si para impedirlo hace falta torturar y asesinar a los Rubens Paiva o a los Ángel Pisarello de toda América Latina, se hará.

Pero el Flaco no lo sabe. O lo sabe solo a medias y tampoco quiere enterarse, porque está feliz luchando codo con codo con los estudiantes y los trabajadores azucareros, y bailando el *Cambalache* de Discépolo o *Quizás, quizás, quizás* de Nat King Cole.

Es en ese instante, con esa música de fondo, cuando se inclina sobre mí, que acabo de nacer de manera imprevista, y me dice, parapetado tras sus anteojos de pasta: "¿Dónde has estado, mi cacique de ojos negros?".

Cuando mi padre abuelo de cincuenta y seis años me dice cacique, como le decían a Francisco René Santucho, como les decían a los jefes de las tribus tobas, yo siento que las lagunas de Saladas inundan mi pecho y mi garganta.

El Flaco me dice cacique sin preguntarme si quiero serlo. Me lo dice como quien pasa una posta o siembra una semilla. Me lo dice como podría haberme dicho: "El guazuncho y las corzuelas, la nobleza del quebracho, todo es tuyo y las estrellas".

El Flaco me unge cacique y me asegura que las estrellas serán mías, pero la historia está a punto de cerrarle la puerta y de tragarse la llave, poniéndolo en peligro a él, a mi madre y a nosotros, sus crías.

En febrero y en marzo de 1976, cuando ya opera la Alianza Anticomunista Argentina, conocida como Triple A, dos bombas hacen volar por los aires la entrada de la casa de Las Piedras y despluman al caburé, que sangra y apenas aletea entre los cristales deshechos. De pronto, una noche densa se cierne sobre el Flaco, a quien las canas y los años le caen encima como un enorme fardo de arpillera.

Tras el golpe de Videla, y en medio de un operativo de exterminio llamado Independencia, el Flaco se queda solo en medio de una ciudad asediada. Sin saber cómo ni cuándo, se ha convertido en el único defensor de presos políticos de Tucumán y en uno de los pocos de toda Argentina, según el propio hermano del Che, Juan Martín Guevara.

Cuando el Flaco visita a los presos tucumanos encerrados en Trelew, comprende cabalmente el alcance represivo del llamado Proceso de Reorganización Nacional, eufemismo con el que se encubre un golpe militar y un programa económico de saqueo de los bienes públicos.

Al regresar a Tucumán, la ciudad es ya un infierno y la luna que la cubre, una inmensa lápida. A esas alturas, Ángel Pisarello no es ya el niño que en Saladas extiende las uñas negras, manchadas de tinta, para denunciar al maestro que lo ha intentado humillar. Tampoco es el padre afectuoso que alza a sus hijas y las persigue en su estudio o el enamorado que abraza a mi madre en una habitación bañada por una luz vaporosa en Dar es-Salam.

No. A esas alturas, el Flaco es una bestia desesperada que se pasea durante horas delante de la puerta de la escuela de su hijo de cinco años pensando cómo protegerlo de lo que se viene. Aunque todavía no lo sabe, falta una semana para su secuestro. Ese día, el jefe de la policía le ha vuelto a advertir que, si sigue defendiendo a presos políticos, lo matarán. El Flaco lo envía a la mierda, pero llega a la casa de Las Piedras alcoholizado por la tensión y atiborrado de ansiolíticos.

Bajo el pino del patio del fondo, convoca de urgencia a mi madre y a mis tres hermanas. "Petisa —le dice a mi madre—, viene fea la mano". Luego mira a sus hijas e insiste: "¿Ustedes qué piensan? ¿Sigo o no?". Intento escrutar en el interior del Flaco para saber qué está pensando exactamente en ese instante. Como presidente de la UCR, podría creer que no se atreverán con él, pero no puede engañarse. Ha escuchado a los presos de Trelew, tiene el listado de los desaparecidos de los últimos días y ha visto con sus propios ojos cómo la ciudad ha devenido en un gran campo de concentración lleno de policía secreta y de torturadores que conocen bien los manuales de la Escuela de las Américas.

Si hubiese tenido dinero, ¿habría intentado salir con su familia hacia un lugar más seguro, sin tantos peligros y amenazas a su vida? La pregunta resulta ociosa. El *Flaco* Pisarello sabe, siempre ha sabido, que defender a presos políticos no da dinero. Aun así, ha continuado haciéndolo. Ha decidido, como Salvador Allende unos años antes, que permanecerá en su puesto hasta el final.

Después de hablar con mi madre y con mis hermanas, mi padre, el Flaco, vuelve a mí y se mete en mi cama cuando cae la noche. Me acaricia la cara y me repite, a mis cinco años: "¿Dónde has estado, mi cacique de ojos negros?". Luego me lee un cuento y se quita las gafas de pasta negra.

Es un 24 de junio de 1976. Un día antes, su hija Tatá le ha dado un último nieto, José Agustín, que sí tiene los ojos azules como en la canción de Dylan. En el oleaje de su negra cabellera, Ángel Pisarello siente que su vida de luchas, de mítines encendidos, se aleja sin remedio. Cuando los nueve encapuchados a las órdenes de Bussi, el general carnicero, irrumpen violentamente en mi habitación, el Flaco se siente un tigre que lleva tatuados en el lomo los asfixiantes barrotes que lo esperan. Se lo llevan en calzoncillos, sin anteojos, y es la última vez que lo veo.

Unos días después, ya en casa de mi tía Anita, me descubro en un triciclo dando vueltas interminables al patio de la terraza. Pedaleo en círculos durante horas. De repente, algunas personas entran a la habitación en la que mi madre lleva muda casi una semana. Está demacrada, esquelética. No sé qué noticia le dan, pero su respuesta es el alarido desgarrado de una calandria a la que le han arrancado el corazón y el plumaje.

"Es porque el cigarrillo le hace mal", me dice mi tía, y yo acato paralizado la mentira. Durante el resto de mi niñez y de mi juventud, creceré escuchando dos voces al oído. Una, la de mi padre, que me dice: "¿Qué hacés por nosotros, pequeño cacique de ojos negros?". Otra, la de mi madre, que matiza: "¡Corré hijo, no hagas caso, viajá, estudiá, pero hui de esta ciudad que ha sido maldecida por los dioses!".

Oyendo la voz de mi madre, he leído, he escrito y he acabado en Madrid y en Barcelona. Oyendo la de mi padre, he procurado no dejar de indignarme contra la injusticia cometida contra cualquiera en cualquier rincón del mundo.

También he consentido el autoengaño. Tras el asesinato de mi padre, mi madre nos dijo que había muerto de un fulminante ataque al corazón. Yo corrí, crecí y sobreviví creyéndome esta piadosa versión de los hechos. Ahora mismo, con veintitrés años, me veo buscando unos papeles en los cajones de la habitación de mi madre. Encuentro una carpeta y, entre otros documentos amarillentos, aparece una copia de la autopsia de mi padre. Nunca me habría imaginado que ese papel existía. Pero es imposible eludirlo, y por primera vez leo que la muerte del *Flaco* Pisarello se ha producido por "traumatismos varios".

Esa frase, y las que siguen, me revelan un mundo terrible y sin las florituras que mi madre había ideado para protegernos. Entonces veo por primera vez al *Flaco* Pisarello atiborrado de ansiolíticos, devastado por la tortura, pidiéndole a Dios, como en la canción de Chico Buarque y Milton Nascimento, *"Pai, afasta de mim esse cálice"*. Pero el Dios mezquino, impasible, no aparta ningún cáliz de la boca seca del *Flaco* Pisarello, como no lo apartó de la de su propio hijo en el huerto de Getsemaní.

Y no sé si en Barcelona o en Tucumán, pero salgo corriendo de mi habitación y voy a su encuentro. Corro y corro y me duelen las rodillas, y me duele el pecho, pero no me detengo hasta encontrarlo junto a un árbol, desnudo, en el Parque Aguirre, en Santiago del Estero. No sé si solo sus manos están atadas con alambre o también su boca, que es lo que los militares hacían para enviar un gesto mafioso a otros abogados. Yo me hinco, con la respiración entrecortada, y me entrego en silencio a nuestra ceremonia pendiente. Le quito las púas, una a una, lo peino ligeramente y le acaricio las magulladuras y los ojos negros sin anteojos. Luego lo cargo y me lo llevo, con las piernas largas colgando entre mis brazos como las de Cristo, al sofá donde me espera Vane, atiborrada también ella de fentanilo y de calmantes. Allí los abrazo a ambos, y a mi hermana Tatá, y me demoro en el dolor cósmico que siento.

Y entonces, en la luz mayor de ese mediodía, me acerco a los tres, los beso, y les susurro al oído: "Aquí estoy, mis jovenzuelos de ojos azules, aquí estoy, sombra de koktá y nohuete, aquí estoy mis brujas tobas, mi brujo toba. Por favor, no abandonen a sus hijos".

AURORITA

ANTES de partir hacia Ítaca, Nadie solía espiar a Vane escondido tras un árbol. Disfrazado de mendigo, con un largo cayo de madera, intentaba escudriñar insistentemente lo que se le pasaba por la cabeza. Vane decía poco y mantenía esos jardines interiores bien protegidos. Nadie ladraba y ladraba como un perro ansioso ante ese umbral, pero la puerta rara vez se abría.

Hoy aseguraría que a Vane le acabó impresionando mucho el norte argentino. Al final de sus días, infirió que tanto mis lamentos andinos como mis repentinos raptos de euforia o de indignación se explicaban por esa explosiva marca de origen.

Como especialista en temas vinculados al derecho a la vivienda, Vane se entendió con diversos movimientos sociales argentinos y latinoamericanos que trabajaban la cuestión. Recuerdo que quedó fascinada cuando pasó por casa nuestro amigo Juan Grabois, que por ese entonces ya era un dirigente social reconocido, con un fuerte vínculo con el papa Francisco. Apreciaba especialmente la encíclica *Laudato si'*, en la que el pontífice argumentaba a favor del cuidado de la Tierra como casa común. Había venido a Barcelona a explicar la necesidad de impulsar un nuevo humanismo a la altura del nuevo siglo y a estudiar cómo implementar en Argentina una renta básica que impulsara la economía popular. Tras algunos días de convivir con él en casa, Vane concluyó que haber recibido a Juan era como haber tenido a Jesús tomando mate entre nosotros. Cuando Vane tenía estas salidas, yo no sabía si reír, abrazarla o limitarme a agradecer al

destino haberme cruzado con aquel ser mágico e inescrutable.

Ahora, Mario, Nati y yo entramos en Tucumán por
Simoca, que proviene del quechua *shimukay*, que quiere
decir "lugar de gente tranquila y silenciosa". En esta callada plaza de domingo por la que ahora pasamos, Vane
caminó con Lua en brazos y con Dani de la mano, mientras unos gauchos bailaban alegremente frente a la sede
de la municipalidad. Fue por entonces cuando conocimos
al músico simoqueño Manu Sija, que podría ser mi hijo
de haberme quedado yo en Tucumán, y visitamos las
ruinas de Quilmes, ubicadas en el valle Calchaquí.

Entre las historias de los pueblos originarios del norte argentino, la de los indios quilmes es una de las que
más conmueve y desgarra. La voz quilme, o kilme, podría
derivar del quechua *kilpe*, que significa "activo, inquieto,
exaltado". Los quilmes fueron eso: un pueblo de mujeres
y hombres bravos, que se rebelaron contra los conquis-
tadores españoles en el siglo XVII y recibieron un duro
castigo por ello.

Unos dos mil miembros de la comunidad tuvieron que
viajar a pie a Buenos Aires. En esas condiciones recorrie-
ron más de mil doscientos kilómetros, los mismos que
Mario, Nati y yo llevamos haciendo en auto, con paradas,
durante un día y medio. Muchos perdieron la vida en ese
éxodo horroroso, que a mí me hace pensar en la Desban-
dá de civiles que fueron masacrados entre Málaga y Al-
mería en 1937, tras el golpe de Franco. Los quilmes que
sobrevivieron fueron forzados a trabajar en encomiendas
en condiciones de semiesclavitud.

Llevo tiempo pensando en las diferentes capas de violencia que conforman el norte argentino. La de la conquista, desde luego. La de lo que Mariátegui llamaba las
"repúblicas falseadas", con sus oligarquías avaras y racistas.
La provocada por dictaduras salvajes como la de Videla

y sus secuaces. También, recientemente, las que se han desatado a rebufo de un capitalismo neocolonial, ecocida, que ve a los pueblos indios y campesinos como gente sobrante, cuyos ríos, animales y tierras pueden ser esquilmados y mercantilizados sin contemplación.

Fanon decía que bajo el colonialismo francés, los argelinos, obligados a no franquear límites, a quedarse en su sitio, tenían sueños musculares, de acción. Soñaban que saltaban, que corrían, que escalaban, y un día, hartos ya, y sin que los franceses lo entendieran, decidieron sacar fuera toda esa agresividad sedimentada en los huesos.

Algo de eso hay en las violencias padecidas e interiorizadas de la gente del norte. Pueden permanecer ocultas al observador externo, pero explican muchos de sus rasgos. Su bonhomía, incluso una cierta mansedumbre, que en cualquier instante puede trocarse en explosión rebelde o en ira incontenible.

En mis años de estudiante universitario, solía pasarme horas hablando de estos temas con un amigo, el historiador Eduardo Rosenzvaig. Eduardo era un ser entrañable y descendía de migrantes judíos que arreglaban bicicletas. Vivía a unas pocas calles de mi hermana Tatá, en Barrio Sur, y conocía muy bien la marca de resignación y rebelión en las clases populares del norte. Eduardo explicaba que, durante un siglo, antes de salir a hachar la caña de azúcar, los trabajadores del campo en Tucumán bebían un alcohol de caña en botellita llamado Hornett, y reservaban el último trago para sus hijos pequeños. La combinación de alcoholismo, mala alimentación y alojamientos precarios hacía estragos entre ese campesinado a la deriva.

Esta falta de una mínima cultura comunitaria, decía Eduardo, trazaba una diferencia decisiva con los pueblos indígenas y campesinos del norte andino. En la Puna, los pueblos originarios pueden ser más pobres, pero lo poco que hay se reparte, y las madres andinas van a todos lados con sus crías a la espalda, protegiéndolas y amamantándolas hasta muy mayores.

Vane tenía mucho de madraza aymara. Cuando llegamos a las ruinas de lo que había sido la Ciudad Sagrada de Quilmes, yo quería que mis hijos pudieran rendir homenaje a aquellas mujeres y hombres que se hartaron de los abusos imperiales y les plantaron cara con dignidad. Lua lo hizo a su modo, trepada al pecho de Vane como si fuera una pequeña calchaquí, o gateando juiciosa encima de las piedras con su ponchito azul, bajo un vagabundo sol invernal. Dani, con más alma de samurái, jugó a ser un resistente quilme más entre los cardones y los aguaribayes de frutos rojos, y no dejó de lanzar piedras al aire y de proferir terribles maldiciones contra los crueles encomenderos.

Aquel fue el viaje en el que Lua y Dani probaron por primera vez el locro, y fue la primera vez, también, en que Lua montó a caballo junto a su madre, quien en vano intentó que su hija se comunicara con aquellos animales mansos en tucumano, arrastrando la erre y acariciándoles suavemente el hocico.

Ahora que nos acercamos a la Hostería Atahualpa Yupanqui, en Tafí Viejo, imagino a Vane a mi lado, como cuando recorríamos Catalunya en autos alquilados, y yo oficiaba de copiloto y le ponía la música que me iba pidiendo. Cuando se trataba de Argentina, Vane podía aceptarme *Sigue girando*, de Los Ratones Paranoicos o alguna genialidad de Charly García. Hacia los últimos días de su enfermedad, se enganchó a Cruzando el Charco, que le daba ánimos y le aseguraba festivamente: "Vas a bailar, para curar todas las cicatrices, que te des cuenta que no te perdiste, estás de vuelta para mucho más". Si no era eso, ella prefería que la llevara al mar en catalán con los Manel o con Oques Grasses, o simplemente que

le pusiera *Devolva-me*, una canción de la brasileña Adria-
na Calcanhotto que la sumía en una pena para mí indes-
cifrable.

En el último tramo de nuestro viaje al norte con Mario y Nati, la banda sonora ha sido otra: la *Luna tucumana*
de don Ata, o la Negra Sosa cantando a esos tucumanos
aporreados que se afanan por "hacer linda esta mala vida,
así se olvidan que hay que sufrir".

Tafí no es como Simoca, el "pueblo de la gente tranquila", sino "el lugar donde sopla aire frío", en lengua
aymara. Quizás por eso, aunque estamos en pleno vera-
no, Nati llega baja de defensas y en un estado febril que
no remite.

Ya en la Hostería Atahualpa Yupanqui, Mario, Nati y
yo nos hacemos con un sitio en el restaurante, pedimos
limonadas y yo me reencuentro con una humita en plato
deliciosa, con el mejor zapallo y el mejor choclo posibles,
a la altura de las que preparaba mi hermana Tatá.

Como Nati no se siente del todo bien, la dejamos arro-
pada en el hostal y Mario y yo salimos en auto a la conversación que tendremos en la biblioteca de la ciudad.
Es mi primer acto público en Tucumán en muchos años.

Antes de llegar a la cita, me reúno con mis hermanas
Reini y Ani, a quienes no veo desde la partida de Vane y
de Tatá. Mi hermana Reini puede cazar en la oscuridad,
como una pantera, y escrutar en el fondo del alma lo que
otros no ven. Cuando nació, mi padre plantó un cactus y
le legó una mirada cáustica y al mismo tiempo poética de
las cosas que yo siempre he admirado. Mi hermana Ani
es distinta: una especie de fuego artificial constantemente encendido, siempre solidaria, valiente, y la hermana
más leal que uno pueda imaginarse.

Apenas nos vemos, nos abrazamos como náufragos y
paseamos un rato por las calles de Tafí Viejo. Es raro caminar los tres solos sin Tatá y sin mi madre. Hasta hace poco,

había fotos de los cinco, sonrientes y en pie, como los Paiva en la película de Salles. Ahora seguimos defendiendo esa sonrisa como podemos, pero el viento que sopla dentro de nuestros abrazos se ha vuelto más frío y gris.

Cuando yo me encuentro con mis hermanas, las conversaciones conducen irremisiblemente a Aurorita Prados. Siempre que la evocamos lo hacemos con una admiración reverencial, como si se tratara de una diosa particular cuya imagen se agiganta con el paso del tiempo.

Mi madre era andaluzamente alegre y presumida. Solía llevar unas pulseras de media caña que precedían su paso por la casa y al mismo tiempo mantenía cierto recato en las formas. Cuando asesinaron a mi padre, tenía cuarenta y ocho años. Vivió hasta los ochenta y cuatro, dándonos afecto y protección para que el resentimiento no hiciera mella en nosotros. Un día, ya bastante mayor, me dijo con un deje de coquetería, que si mi padre no hubiera muerto de la manera en que murió, ella no habría renunciado a volverse a enamorar.

Yo nunca vi desnuda a mi madre. Ni siquiera cuando enfermó definitivamente. Siempre que volvía a Tucumán, me la encontraba en casa, paseándose con un camisón ligero del que colgaban pequeñas medallas de la Virgen y del Espíritu Santo. En los años duros de la dictadura, tenía muy pocos vestidos, pero nunca la vi salir a la calle sin peinarse o sin arreglarse, con una dignidad que es imposible olvidar. Cuando llegó la democracia, nos concedieron un crédito hipotecario y pudo por fin tener su habitación propia. Nada la hacía más feliz que leer la prensa sin ser controlada o tomarse una taza de té con las piernas cruzadas y un trocito de chocolate.

A diferencia de mí, Vane tenía con su cuerpo una relación muy libre. Había practicado el nudismo desde joven, se quitaba instintivamente la ropa para dormir y se reía mucho de la actitud defensiva, rígida, que yo exhibía con mi físico. Cuando Dani y Lua eran pequeños, siempre intentó que no se vieran obligados a llevar bañador en la playa y que crecieran sin pudores castrantes.

Al enviudar, Aurorita Prados siguió siendo una mujer muy atractiva y de una lucidez encomiable hasta la vejez. Todo eso se derrumbó de repente tras una caída boba que la precipitó hacia un declive inesperado e irreversible. Ella estaba desconcertada. No podía creer que el cuerpo la abandonara a traición de ese modo. Mantuvo la entereza y el buen humor, pero todos sabíamos que era muy presumida y que detestaba verse debilitada. Cuando le dijeron que los pulmones le estaban comenzando a fallar y que tenía que incorporar a su vida una mochila de oxígeno con una bigotera, acabó de desmoralizarse. Poco a poco dejó de salir y se fue recluyendo en su departamento de la calle Laprida, en cuya terraza siguió cultivando gladiolos rojos.

Yo he intentado seguirla en eso y he llenado mi propia terraza de helechos y jazmines que sobreviven a duras penas, amenazados siempre por una contaminación obstinada.

Hablar con mi madre sobre política o sobre cuestiones personales daba gusto. Era una mujer muy informada y criteriosa, que nunca se permitía un exabrupto y que trataba a sus hijos y sobrinos con exquisita delicadeza.

En sus últimos años, Aurorita estaba feliz con sus nietos, especialmente con sus nietas mujeres. Pensaba que conseguirían avances que su generación había dejado a medias. Cuando la familia catalana la visitaba, le encantaba escuchar a Dani hablando de las leyendas de la Antigüedad clásica y se le encogió el corazón el día que Lua, con apenas cuatro años, le recitó de memoria el primer poema que ella me enseñó siendo yo muy pequeño, *A Margarita Debayle*, de Rubén Darío.

Mi madre, igual que mi tía Anita, era una buena recitadora de poesía y le gustaba mucho el teatro. Un día fuimos a ver juntos un *Cyrano de Bergerac* que dejaría en mí una huella indeleble. Con nueve o diez años quedé impactado por aquel héroe de nariz prominente, verbo afilado y eximio espadachín, que ocultaba su fealdad entre sombras y sufría de amor, mientras luchaba con inigualable coraje contra cretinos de toda laya. Desde entonces, y hasta el día de hoy, el desdichado y noble Cyrano ha sido mi héroe favorito, por encima incluso del Caballero de la Triste Figura.

En mi infancia, mi madre podía pasear durante horas por la casa recitando de memoria el *Hombre pequeñito* de Alfonsina Storni o el *Romance sonámbulo* de Lorca, que era uno de sus poetas favoritos. Cuando Vane y yo fuimos a ver la lorquiana *Una noche sin luna*, de Juan Diego Botto, en el Teatro Nacional de Catalunya, pensé mucho en mi madre y en cuánto le habría gustado.

Cada tanto, comparto con mis hermanas una mala grabación hecha con un teléfono móvil en la que mi madre, ya en sus últimos años, recita dulcemente ante la cámara los versos de *En paz*, de Amado Nervo: "Muy cerca de mi ocaso, yo te bendigo, vida, porque nunca me diste ni esperanza fallida, / ni trabajos injustos, ni pena inmerecida... Amé, fui amada, el sol acarició mi faz. / ¡Vida, nada me debes! ¡Vida, estamos en paz!".

Esa devoción por la poesía le venía de su padre, Antonio, con quien sin embargo tuvo una mala relación. Yo no conocí personalmente a mi abuelo andaluz. Era un bohemio y en Salobreña se ganaba la vida como constructor. Mi madre nunca le perdonó que las abandonara, a ella, a mis tías y a mi abuela, para dedicarse a escribir coplas y poemas en los que se definía como anarquista.

A veces digo en público que soy nieto de republicanos andaluces exiliados. Es una verdad a medias. Mi abuelo Antonio, efectivamente, tenía su carné de republicano en el exilio, firmado en México por don José Giral. Mi abuela Pilar, no. Era monárquica hasta el tuétano y en sus últimos años, cuando comenzó a perder la memoria, se emocionaba cada vez que un militar aparecía en la televisión.

Durante la dictadura viví mucho tiempo con ella en casa de mi tía Anita. Aunque gruñía a otra gente, conmigo era cariñosísima y yo tenía por ella una gran debilidad. Hasta el día en que murió, con noventa y seis años, no dejó de decirme "mi niño" con mucha ternura, y de contarme historias de circos de su Motril natal, mientras con la alpargata ablandaba naranjas para que luego nos bebiéramos el zumo.

Mi madre esperaba que yo la acompañara en su despecho hacia su padre. No pude. Empatizaba con su dolor de hija y procuraba no tocar el tema, pero nunca supe renegar de aquel poeta *amateur* que se reconocía libertario, se enorgullecía de la Andalucía gitana y mora y parecía enviarme mensajes cifrados a través de sus versos. Eso fue lo que sentí un día en el que Lua, ya adolescente, tenía una fiesta y pasó despampanante por el salón de casa en el momento justo en el que yo descubría unas líneas de mi abuelo que parecían pensadas para ella, con medio siglo de antelación: "El que te puso a ti Luna fue un profeta por lo visto; con esa cara moruna bien te asemejas a una diosa del Antiguo Egipto".

Ahora, en la biblioteca de Tafí Viejo, quien me espera no son ni mis abuelos, ni mi madre, ni mis tías. Es mi ahijado Sebastián, el hijo de Ani, que sale a abrazarme entusiasta, con una sonrisa vasta en la que yo me veo reflejado con trece años menos.

En el acto nos acompaña el exalcalde de la ciudad, Javier Noguera, con quien nos conocemos de nuestros tiempos universitarios. Es interesante que esta intervención con Mario no sea en la capital provincial, sino en la periferia taficeña. Cuando me preguntan cómo me siento en Tucumán, yo comienzo diciendo eso: que estoy contento de estar en una biblioteca pública y que no deja de tener un alto valor simbólico que, después de tanto tiempo, los hijos de Pisarello y de Santucho hayan entrado juntos en auto por Tafí.

La frase tiene un efecto especial, pues la sala prorrumpe en un aplauso espontáneo, efusivo, como si todo el daño infligido durante años de terror quedara suspendido, neutralizado, y los corazones se abrieran a otras memorias rebeldes.

Interrogado por mi vínculo con Tucumán después de tantos años, evoco a mi hermana Tatá, luchadora incansable en defensa de los derechos humanos, y recuerdo una anécdota reciente. El momento en que un diputado de la ultraderecha española me llamó en Madrid, en el Congreso, "tucumano montonero". Reconozco que fue extraño. Yo estoy acostumbrado a escuchar de esta gente todo tipo de improperios clasistas, racistas o misóginos. Tucumano, sin embargo, no figuraba en el catálogo de insultos disponibles. En realidad, el diputado de marras es un diputado español, pero con pasaporte argentino. Su madre es una señora de apellido inglés nacida en Buenos Aires, que hizo fortuna durante diferentes dictaduras en el negocio inmobiliario. Por eso, a la hora de evacuar su insulto, tuvo que morderse la lengua durante medio segundo. Y para no herir su propia argentinidad gritándome "¡argentino!", encontró el sustituto ideal: "¡tucumano!".

Recordar ese momento, admito en Tafí, me arranca una sonrisa. Porque donde este señor vio un insulto, yo vi una razón para el orgullo. El de sentirme heredero de los pueblos quilmes que resistieron la conquista. El de vincularme a ese pueblo del norte que luchó junto al libertador Manuel Belgrano para desembarazarse de Fernando VII. El que protagonizó luchas memorables contra dictadores indecentes o el que vio nacer a artistas colosales como la Negra Sosa o Miguel Ángel Estrella.

El público celebra mi reivindicación de los tucumanos e incluso mi hermana Reini, que acaba de pegar un respingo al escuchar que yo relaciono a Ángel Pisarello con Roberto Santucho, se relaja y me mira sonriendo con sus enormes ojos de niña.

Mario, por su parte, sigue mi hilo y recuerda, también él, que el Tucumán del cierre de ingenios azucareros en los años sesenta fue uno de los primeros laboratorios neoliberales de América Latina, antes que el Chile de Pinochet y sus Chicago Boys. En ese contexto, tanto mi padre como el suyo trataron con dirigentes sindicales nobles, como Agustín Tosco o René Salamanca, que plantaron cara a la dictadura y contribuyeron a su caída.

En el debate que tenemos con el público, el tema de la resistencia violenta a regímenes despóticos, aunque sea defensiva, no aparece. Quizás por miedo, quizás por la conciencia de la enorme asimetría de fuerza entre los goliats del poder concentrado y los davides del común, o quizás por un meditado rechazo a derivas belicistas que casi siempre se ensañan con los más débiles. Con todo, no falta quien, en los corrillos, refiera con aprobación el caso de Luigi Mangione, el joven estadounidense de familia acomodada que pasó de la rabia a la acción y mató al CEO de una aseguradora privada de salud, que se enriquecía con el dolor social, utilizando una pistola que él mismo había fabricado con una impresora 3D.

Lo que está claro es que la gente está contenta y que ahora, en la noche de la biblioteca de Tafí, todos son abrazos, *selfies* y la serena alegría de haber abierto un espacio de encuentro que pocos días atrás resultaba inimaginable. Mientras Mario regresa al hostal a encontrarse con Nati, que ya está mejor, me quedo conversando con mi ahijado Sebastián. Más tarde, los trabajadores de los talleres ferroviarios de Tafí Viejo nos invitan a la vigilia previa al aniversario del golpe de 1976. En el espacio memorial en que se recuerda su historia, los obreros me honran regalándome un casco de los que utilizan en el taller y me invitan a dirigir unas palabras a las familias de trabajadores desaparecidos o asesinados.

Una vez acabado el acto, Sebastián y yo salimos al encuentro de mis hermanas, del resto de mis sobrinos y de sus hijos, que nos esperan para comer unas pizzas en la casa de José Agustín.

En la noche cerrada de la sierra tucumana, pienso en los que quedan y en los que ya no están. Pienso en mis sobrinos y pienso en Tatá, mi hermana madre, que ya no me dejará más audios de WhatsApp. Y pienso, claro, en mi madre, que en nuestra última conversación telefónica, dopada ya por la morfina, me dijo: "¡Siempre estás viajando, hijo mío!".

Hoy es diferente. Bajo la delgada lluvia que se pierde entre los tarcos y los lapachos de las avenidas tucumanas, mi madre se me aparece tranquila, contenta de verme nuevamente en casa. Yo lo daría todo por recuperar nuestras largas charlas, por hablarle sobre sus nietos y por compartir con ella mis últimos días con Vane. Cuando esos pensamientos amenazan con entristecerme, siento sus manos en mi cara, como cuando estábamos solos en medio de la dictadura. Entonces cierro los ojos y Aurorita Prados, la madre maestra a quien tanto quise y respeté, se acerca a mi oído y me recuerda su postrer mensaje, complacida por tenerme otra vez cerca: "Amé, fui amada, el sol acarició mi faz. / ¡Vida, nada me debes! ¡Vida, estamos en paz!".

VANE

Había gente que le decía a Vane al oído que Odiseo era un embaucador. Que se olvidara de él y que se dedicara a explorar otros mundos en pacífica apatía. Ella les devolvía una sonrisa, estirada al sol, junto al mar, y seguía con sus piernas entrelazadas a las de ese atribulado Alguien que la quería como Nadie.

Yo siempre pensé que me iría de este mundo antes que Vane. Creo que ella también. En nuestras bromas sobre el tema, siempre era yo el que volvía encarnado en una mosca o en cualquier animal absurdo y me aparecía en nuestra habitación para fisgonear qué estaba leyendo, si estaba estudiando o no, si salía con alguien, si regaba las plantas. Ella me miraba con una sonrisa pícara cuando se lo decía, pero yo juraría que lo daba por hecho.

Vane tenía un gran arraigo a la vida. Yo subo, bajo, vuelvo a subir y alcanzo la cima del día agotado, sin tener siempre claras las razones de mi persistencia de hámster. En Vane todo era más natural. Le gustaba vivir, disfrutar de las cosas simples, y llevaba tiempo decidida a hacerlo de acuerdo con sus convicciones más profundas.

Tres meses antes de que le detectaran el cáncer, Vane viajó a Bruselas. Tras las últimas elecciones municipales, había decidido que quería reinventarse y tomar distancia de la política institucional. Quería pasar un tiempo junto a su amiga Marta, mejorar su francés y su inglés, vincularse a alguna organización internacional que se ocupara del derecho a la vivienda y abrirse a una vida que le permitiera viajar y relacionarse con gente nueva.

Yo intentaba reprimir cualquier inquietud. En parte era lógico y estimulante: nuestros hijos comenzaban a ser autónomos y eso nos permitía pensar más en nosotros. Al mismo tiempo, presentía que Vane se adentraba en una encrucijada vital de la que podíamos salir más unidos o tomando caminos diferentes.

No la veía prisionera de ningún arrebato *new age*, pero era innegable que los cincuenta se le presentaban como un auténtico parteaguas. Entrevió la llegada de la menopausia, incurrió en el yoga, se entregó vivamente a practicar deportes con las amigas y, aunque bebía poquísimo, decidió prescindir del todo del alcohol.

Casi sin que lo percibiéramos, Vane fue adoptando un misticismo laico que la ayudara no a llegar más lejos o más rápido, sino más adentro. Harta del egocentrismo inflamado que veía a su alrededor, buscó en un cierto recogimiento una manera de alejarse de esos simios averiados que no paran de repetir: "Yo, mío, más". Vane quería vivir bien sin hacer daño al resto. Cuidarse y cuidar mejor, ahorrarse dolores evitables y prepararse para asumir nuevos retos en compañía de otros.

Yo podía ser un obstáculo en muchos de estos propósitos. Compartía con Vane la necesidad de reconectar con el propio interior, pero las urgencias de la vida cotidiana y del compromiso político me dejaron magulladuras y taras de las que no era fácil librarme. Cuando la presión fue intensa, mi carácter se agrió, mis migrañas se volvieron crónicas y tuve que estar todo el día pendiente del móvil. Tener una familia tan conectada digitalmente le produjo a Vane una desgastante frustración. Ni mis hijos ni yo supimos concederle lo que nos pedía.

A sabiendas de mi incómoda relación con el dinero, Vane se empeñó en que a nuestra edad no podíamos seguir viviendo de alquiler. Decidió que había llegado el momento de hipotecarnos e intentar comprar algo. Yo no estaba convencido ni lo veía imprescindible. Tampoco tenía mucha fe en mi criterio. Mientras continuaba con mis batallas políticas en Madrid, ella se encargó de todo. Buscó un piso sencillo y buscó quien lo pusiera a punto. Yo hice tres o cuatro gestiones elementales, para no parecer desinteresado, pero no me impliqué mucho más allá de eso.

Cuando partió hacia Bruselas, Dani, Lua y yo lo asumimos con poco entusiasmo, pero sin quejas. A los pocos días de preparar comidas y lavadoras constaté que mi participación en los trabajos domésticos era mucho menor de lo que yo me habría atribuido si alguien me lo hubiera preguntado. Vane nos iba escribiendo, cariñosa, y si le pedíamos que nos ayudara con algún trámite lo hacía, pero relajada, como si de verdad buscara alejarse de una rutina a la que no quería regresar.

Desde Madrid, yo intentaba implicarme en cuanto conflicto político se me ponía delante: contra la especulación inmobiliaria, contra las voraces políticas de rearme o a favor de las causas nobles de América Latina o África. Mientras, echaba mucho de menos a Vane. Si ella no rondaba por la casa, si su olor no estaba cerca, me costaba escribir, disfrutar de nuestras plantas y conciliar el sueño. A veces la llamaba enfurruñado como un niño pequeño, aunque rápidamente me daba cuenta de que lo hacía porque sin ella la vida no me gustaba tanto. Entonces Vane me decía dos o tres cosas bonitas y yo sentía que me habían puesto un sedante para elefantes angustiados y me quedaba planchado en la cama, solo, hasta el día siguiente.

Cuando por fin regresó de Bruselas, lo viví como una fiesta. Durante días salimos a cenar fuera, fuimos al teatro y al cine, y recuperamos los meses sin vernos como dos jóvenes recién enamorados. Vane continuó con el yoga y retomó el deporte con sus amigas, pero comenzó a sentir

un ligero dolor muscular a la altura del cuello. Desconcertada, fue a ver a la médica de cabecera, que le recetó
unos calmantes, y se quedó más tranquila. El malestar
menguó unos días, pero luego reapareció con fuerza.

Yo comencé a asustarme y, preso de un miedo crecien-
te, responsabilicé a Vane de su propio malestar. Le repro-
chaba haber persistido en hacer deporte a toda costa.
Le insistía en que sus caminatas por la montaña podrían
haber tenido un efecto revitalizador similar y un penoso
blablablá que todavía me recrimino.

Un día llegué a casa tarde porque el tren de Madrid se
había retrasado. Vane no estaba y ni Dani ni Lua tenían
noticias suyas. La llamé un par de veces. No contestó.
Finalmente, recibí un audio en el que me decía que estaba en urgencias en el Hospital de Sant Pau, que le habían
hecho unas pruebas y que quizás tenían que realizarle
una pequeña operación.

Me quedé paralizado. La cabeza me daba vueltas sin
ton ni son. La memoria me retrotrajo a una soleada tarde
de domingo, años atrás, en la que Vane y yo leíamos plá-
cidamente en la cama mientras nuestros hijos jugaban en
sus habitaciones. Lua, que no tendría más de cinco años,
comenzó a corretear a Dani por el pasillo que conduce
al comedor. Para burlar la persecución de su hermana,
Dani cerró de un manotazo la puerta del comedor y Lua
acabó estrellándose contra ella.

Yo salté de la cama como un resorte y vi cómo Dani
miraba a Lua, que estaba en silencio en el suelo, con la
cabeza gacha. Dani comenzó a gritar y yo comencé a gri-
tarle absurdamente a él. Cuando me acerqué vi que Lua
se había cortado un brazo con los cristales. Mientras Vane
llegaba a la escena del desastre, mi reacción fue ponerme
a barrer en un silencio sepulcral. Con la mirada clavada
en los ojos de mi pequeña, dejé que fuera Vane quien
limpiara aquella herida que me había helado el corazón.

A los pocos minutos, Vane, Dani, Lua y yo tomábamos
un taxi hacia el Hospital de Sant Pau. Ninguno de los cuatro cruzó palabras en todo el trayecto. Al final, las médicas nos dijeron que el corte no había llegado a la vena y
que bastaría con cerrar la herida con unos puntos. Ali-
viado, abracé a Lua con toda mi fuerza y sentí que quedaba en deuda con un nuevo Dios desconocido que no
tardaría en cobrarme el favor.

El estrépito de cristales de aquel domingo volvió a es-
tallar dentro de mí cuando escuché el mensaje de Vane.
Me vi tomando un nuevo taxi silente al Hospital de Sant
Pau, mientras un buitre me retorcía las entrañas.

A partir de entonces entramos en una montaña rusa
de la que siempre bajábamos echando sangre por la nariz.
El dolor muscular que yo atribuía a una incomprensible
obsesión de Vane con el deporte resultó ser un tumor que
ganaba terreno dentro de ella con avidez.

En cuestión de semanas, nuestra vida dio un vuelco
feroz. El hospital se convirtió en nuestro nuevo hábitat.
Las hermanas de Vane, Eva y Cira, y su madre, Marisa, se
turnaron conmigo y con mis hijos para pasar las noches
en la habitación que nos asignaron en la planta primera.
Las médicas iban y venían con inyecciones y pastillas y
Vane y yo intentamos crear nuestros pequeños rituales
para mantener la alegría.

Entre operaciones y analgésicos yo le traía pastellillos
compatibles con la dieta que le habían prescrito y, cuando llegaba la noche, nos tomábamos de la mano y poníamos
mos alguna película en el ordenador. Una de las primeras
fue *Fallen Leaves*, de Kaurismäki, una melancólica y bella
historia finlandesa sobre una mujer y un hombre de clase trabajadora que ponían en común sus soledades en
un mundo pleno de desdichas.

Para Vane y para mí, el cine era una pequeña patria a
la que siempre regresábamos felices, fuera en una sala o

en el sofá de casa. Vimos a Kaurismäki y llegamos a tiempo a *Et la fête continue!*, una fábula sobre el amor y el compromiso político en la Marsella resistente de Robert Guédiguian, que levantó el ánimo de Vane y sus ganas de seguir luchando.

Antes de eso, habíamos pasado la Navidad en el hospital, cantando y abrazándonos todos en familia, aunque para entonces la muerte ya nos rondaba silbando sus propios himnos por los pasillos. La noche en que le propuse a Vane que nos casáramos formalmente, ella estaba resplandeciente. Una muchacha que pasaba por el vestíbulo del hospital nos hizo una foto dándonos un beso y un pianista desconocido tocó para nosotros el concierto de Mozart para clarinete en La mayor que solíamos escuchar en nuestras escapadas a Sant Pol o a la casa de Eva y su compañero Ale, en Riudarenes.

A medida que pasaron las semanas, fuimos tomando conciencia de que Vane tenía un tumor germinal muy raro, de difícil diagnóstico y de más complicado tratamiento. Visto con objetividad, no había mucho terreno para el optimismo. A veces, cuando salíamos de la consulta, Vane me miraba como un animal pasmado. La enfermedad la había asaltado por sorpresa, sin que lo esperara, igual que a su padre, Pedro, el día que le diagnosticaron un cáncer de hígado que se lo llevó sin darle explicación alguna, justo cuando comenzaba a planear su jubilación.

Sin mi familia argentina cerca, tratar con los oncólogos, buscar medicamentos y lidiar con las múltiples burocracias que aparecieron en nuestra vida me desbordó. Sobre todo porque, siendo miembro de la Mesa del Congreso, estaba obligado a ir y volver de Madrid cada semana, sin ni siquiera poder votar telemáticamente.

Todo se me hacía cuesta arriba. Había momentos en los que me encerraba en un lavabo, oculto del mundo, casi sin fuerzas, y sentía que también yo quería irme con Vane allí donde el destino decidiera llevarla.

Fue entonces cuando, de manera algo imprevista, las amigas, los amigos, acudieron en masa en nuestra ayuda. Apareció Ada, aparecieron Ague y Gemma, que había padecido un cáncer en el pasado, y nos acompañaron con las médicas y con las gestiones del día a día como si fueran familia. También vino Iñaki de Buenos Aires, y él y mi compadre Xavier comenzaron a sacarme a pasear como se sacaría a una sombra aturdida y desnortada.

Toda esa tribu, integrada por gente vinculada a sueños y a luchas en común, se hizo presente, en el hospital primero y luego en casa. Si el enfermo hubiera sido yo, seguramente les habría agradecido el gesto y les habría pedido que me dejaran tumbarme como un perro solitario en un rincón lleno de plantas a esperar que la parca ejecutara su tarea.

Vane estaba hecha de otro material. Al verse acompañada y querida, retribuyó el amor con amor y la generosidad con generosidad. Abrió las puertas de casa, organizó cuantas fiestas pudo y mostró que incluso en las condiciones más duras la vida podía merecer la pena.

A medio camino entre el estoicismo y el epicureísmo, Vane decidió vivir el tiempo que le quedaba sin esperanza, pero también sin miedo. Mientras sus huesos y la quimioterapia se lo permitieron, afrontó la muerte con una actitud revolucionaria. Rio, bailó, disfrutó de las pequeñas cosas y dio a cada hora, a cada día, el valor que se merecía. La deliberada irreverencia de Vane frente a la cicatería de los dioses la convirtió en una mezcla de activista admirable y sabia desenfadada.

En esos meses, mucha gente peregrinó a casa para constatar que ella era real e incluso para pedirle consejo frente a sus propios infortunios. Vane y yo nos cuidamos todo lo que nos pudimos cuidar y nos dijimos todas las

cosas que dos personas que se quieren se podían decir.
El día de la boda, Vane declaró en público que yo la había
hecho sentir "la más inteligente, la más guapa y la más
sexi de todas". Yo la quise más que nunca por ese piropo
y la saqué a bailar con Lua y Dani al ritmo de *Ya Rayah,*
una canción argelina que recuerda la importancia de
vivir intensamente aquí y ahora.

Mientras estuvimos en pie, no nos privamos de nada
esencial. Ni de los paseos por el bosque, ni de las incur-
siones en el mar, ni de la música. Cuando le preparaba
milanesas argentinas, le daba masajes en los pies o le ponía velas en sus baños de sal, ella me daba permiso para
pronunciar en el Congreso algún discurso sobre los cuidados, aunque aclaraba que eso no me daba derecho a
exagerar ni a colgarme medallas como si fuera el para-
digma del hombre deconstruido.

Un día, me di cuenta de que Vane llevaba mucho tiempo mirándome. Le pregunté qué le pasaba y me dijo que
le daba pena que yo me fuera a morir solo, lo que en
realidad quería decir sin ella. Por fortuna, tuve tiempo
de agradecerle todo: su curiosidad insaciable, su sensua-
lidad, el cuidado con el que crio a nuestros hijos. Y como
mi padre a mi madre en Tanzania, le murmuraba al oído,
cada vez que podía, "*Nakupenda malaika*" que significa
"Te quiero, ángel mío", en suajili.

Cuando Vane se apagó físicamente, mucha gente cercana la había visto en fotos en las redes, sonriente en un
balneario, saludando con los dedos en "v" en una sesión
de quimioterapia o bailando canciones de Abba con Ada
o con sus hermanas.

El funeral se desbordó. Hubo cientos de personas lle-
gadas de diferentes rincones de la Península. Desde las
activistas de la Plataforma de Afectados por la Hipoteca,
que quisieron que sus camisetas y sus banderas acompa-
ñaran el ataúd de quien consideraban una compañera de

lucha, hasta el *president* del *Govern* de Catalunya, Salvador Illa, pasando por mi amiga Cristina Fallarás o por Irene Montero, en cuya casa habíamos estado cuando nacieron sus hijos.

Fue entonces cuando entendí muchas cosas que Vane hacía, pero de las que no presumía, ni siquiera en la intimidad. A diferencia de los hombres, que solemos ir por la vida montados a caballo, Vane fue una activista de a pie, constante y discreta. Era ella quien gestionaba nuestro vínculo con las cooperativas de frutas y verduras, con las de vivienda o con la banca ética. En eso, actuaba como hablaba y lo hacía sin buscar los focos, con una libertad de juicio que sorprendía a propios y ajenos y que no obedecía a ningún cálculo mezquino.

Durante la ceremonia de despedida, las amigas y los amigos que nos habían acompañado a lo largo de esos meses cantaron, como si estuviéramos en una misa gospel en el Harlem neoyorquino, una canción que Vane había bailado por última vez una semana antes, en su 52 cumpleaños, sosteniéndose exclusivamente en su voluntad y en los últimos parches de fentanilo.

Naturalmente, no todo el mundo participaba de ese ánimo festivo. Mientras una parte de la sala aplaudía y cantaba *"La Vanesa és poderosa"* y *"La Vanesa té molta llum"*, otra, comenzando por la propia Lua, permanecía circunspecta, como si le pareciera que la muerte era algo demasiado serio como para intentar ocultarla con bailes y cantos de júbilo.

Yo mismo participé de ambas reacciones. Canté, mantuve largos silencios y me sentí en la obligación, también, de dar las gracias con cierta solemnidad a quienes cuidaron y prolongaron la vida de Vane, de la mejor manera posible, durante casi un año.

En una rueda de prensa en el Congreso, en la que me temblaban las piernas y en la que no sabía si se me quebraría la voz, recordé que más de cien mil personas al año mueren de cáncer en España. Y que, si no fuera por los recursos destinados a la investigación científica y al sistema de salud público y universal, el número sería mucho mayor.

Aprovechando ese altavoz, agradecí a todo el personal médico, de enfermería, de limpieza, auxiliares, camilleros, que día a día tratan a personas con cáncer o enfermedades críticas. También quise reconocer a quienes, no siempre en las condiciones salariales y laborales que se merecen, nos brindaron cuidados paliativos. En la mayoría de los casos eran mujeres, muchas de origen migrante, que habían mostrado una gran profesionalidad y nos habían tratado con enorme calidez cuando Vane decidió dejar de batallar para permanecer en su cuerpo.

"Nadie nos preguntó cómo nacer —acabé ese día—, pero hoy podemos decidir, dentro de un margen, cómo morir y cómo hacerlo con dignidad. Precisamente por eso, ni la polarización ni la discrepancia en muchos otros temas deberían impedirnos un compromiso común en defensa de mayores recursos para la investigación y para garantizar a todas las personas el derecho inalienable a minimizar el dolor y a buscar la felicidad incluso en los momentos más difíciles".

Fue una intervención arriesgada, que podría haberse atribuido a motivaciones partidistas. Ocurrió lo contrario. En medio de un clima de generalizado nihilismo, mis palabras parecieron introducir un paréntesis humanista. A lo largo de esos días, miembros de casi todos los partidos se acercaron para darme el pésame y para preguntarme por mis hijos. El hechizo no tardó en deshacerse, pero existió. Al cabo de unos días, los partidarios de la privatización de la salud y de su conversión en negocio volvieron rápidamente a sus puestos, sin complejos. Los defensores de la sanidad pública, gratuita y de calidad, también ocupamos el nuestro.

A partir de entonces, comenzó un duelo diferente. Porque lo que yo quería, en verdad, no era acabar de despedir a Vane, sino buscar la manera de reencontrarme con ella y de mantenerla presente en mi vida.

Esa misma noche, al regresar a casa, le rogué secretamente que me enviara alguna señal, alguna pista sobre cómo seguir juntos. Cada mañana, a partir de entonces, me levanté esperando ese mensaje, esa sutil contraseña, pero Vane mantenía un silencio absoluto.

Una tarde encontré en el buzón de casa un paquete proveniente de Galicia. Era un libro de la escritora estadounidense Joan Didion, titulado *El año del pensamiento mágico*. Me lo enviaba Antía, nuestra amiga gallega, en quien Vane había detectado desde un primer momento esa sensibilidad que hace únicas a algunas personas.

En su libro, Didion narra la muerte repentina de su marido, el también escritor John Gregory Dunne, y la manera en que el crudo realismo y la mirada mágica de las cosas pueden confundirse a la hora de afrontar la pérdida de un ser querido.

El libro me impactó. De entrada, me sirvió para confirmar que las condiciones en que se produce una pérdida determinan las características del duelo. El caso de mi hermana Tatá, que perdió a su hija de dieciocho años, me hizo entender que, en un sentido profundo, la muerte de un hijo es la única que existe. A partir de ese hecho que invierte el sentido de la biología y que obliga a que sea un progenitor quien marque una X en el almanaque, hay pérdidas que se pueden acercar en intensidad. La de los padres, la de los hermanos, la de amigas o amigos íntimos, la de la pareja.

Mi experiencia con Vane fue diferente a la de Joan Didion. Ella perdió a su marido de manera abrupta, como consecuencia de un infarto. Ese final la privó de los rituales de despedida que yo pude tejer con Vane a lo largo de casi un año. Quizás por eso, Didion necesitó vivir su año de pensamiento mágico, conservando la ropa y los zapatos de su marido, convencida de que él podía regresar en cualquier momento.

Cuando lo comenté con otros amigos que habían perdido a sus parejas sin una ceremonia consciente de despedida, como Roger o Eva, me ratifiqué en esta idea. Lo que mis hijos y yo habíamos tenido con Vane, dentro de aquel desgarramiento único, había sido un privilegio que los dioses a los que insultábamos a menudo nos habían concedido con ánimo indulgente.

Pasé por muchos de los estadios que Didion describe en su libro. Experimenté el dolor que viene en forma de oleadas que debilitan las rodillas, ciegan los ojos y cancelan la normalidad de la vida. Y me sentí, también, como esos delfines que se niegan a comer después de la muerte de sus compañeras. Sin embargo, tuve la enorme suerte de contar con una amplia tribu que no quería transitar el duelo para despedirse de Vane, sino para reencontrarse con ella e incorporarla en nuestras vidas como el animal libre y fascinante que siempre fue.

El día que Iñaki y Marta, su compañera y buena amiga, me acompañaron a buscar las cenizas de Vane al cementerio de Montjuïc, dejé un primer puñado junto a las modestas tumbas anarquistas de Buenaventura Durruti y de Francisco Ascaso. Poco después, antes de que llegara el fin de año, cumplimos con su último deseo: descansar en Portbou junto a su padre y junto a la tumba de Benjamin, otro pensador que nunca dejó de creer en la necesidad de que el amor y la revolución redimieran a la humanidad y devolvieran a la Tierra algo de su condición de paraíso perdido.

Aquella ceremonia invernal sumó el viento cortante a nuestro abrazo contra el olvido. Bailando al ritmo de la tramontana, las cenizas de Vane se hicieron ciprés, se hicieron olivo y se fundieron con un mar cristalino que aquel día susurró melodías para apaciguar las almas.

Mis hijos y yo prolongamos el rito de regreso a casa. Buscamos un rincón en la sierra de Collserola para que Vane pudiera ver el Mediterráneo rodeada de pájaros y de pinos. Luego la repartimos en nuestro limonero, y Dani llevó sus cenizas a lo alto de Chefchaouen, una hermosa ciudad de casitas blancas y azules en la costa marroquí.

Yo le pedía a Vane que me enviara señales para saberla cerca y las buscaba deliberadamente, como los personajes de *A la salud de los muertos,* la recomendación con la que Caro Meloni me ayudó a desarrollar mi propia combinación de crudo realismo y misticismo mágico. Pero las señales no llegaban.

Antes de que se fuera físicamente, me había metido con ella en la cama y le había dicho, con la mirada fija en el techo: "Vane, revisa los diarios y libretas que llevas. Y deja lo que quieras que pueda ser leído. No hagas como Kafka, que le decía a su amigo Max Brod que lo quemara todo cuando en realidad quería que sus papeles se leyeran".

Vane me escuchó y se limitó a sonreír y a acariciarme el pelo. Desde entonces, cuando estoy por casa, voy buscando pistas como en el juego de la búsqueda del tesoro. Al comienzo lo hacía mucho. Me detenía en papelitos que Vane iba dejando por los cajones, en las entradas a las obras de teatro que vimos juntos y que ella archivaba en láminas de plástico transparentes, y sobre todo en sus libros. Los revisaba página por página, para ver si encontraba en los márgenes una marca, una frase, algo que pudiera interpretarse como un mensaje. No hubo manera.

Un día, cuando yo había abandonado ese ritual y solo esperaba que el cuervo de Poe se apareciera en mi terraza para soltarme su lapidario "Nunca más", ocurrió algo inesperado. Estaba regando las plantas de la terraza y de

pronto me vinieron ganas de ordenar la biblioteca del
salón. Me quité los zapatos para estar más cómodo y comencé a remover volúmenes al azar: puse juntos todos
los Bolaño que tenía, subí la poesía de Cristina Rivera
Garza del segundo al tercer estante y, en el que tenía re-
servado a libros sobre el duelo, coloqué el *Aterratge,* de
Eva, junto a *Un home de paraula*, de Imma Monsó, y junto
a los poemas de Luis García Montero dedicados a Almu-
dena Grandes, tan querida por todos nosotros.

Cuando ya daba por terminado mi momento de bi-
bliotecario, detecté en el estante más bajo, perdido casi
a ras de tierra y semioculto entre otros libros, un volumen
de portada color crema que no me sonaba de nada. Me
incliné con curiosidad para saber de qué se trataba y leí:
Joan Didion. *The Year of the Magical Thinking.*

Lo giré, y vi en la contraportada que estaba comprado
en La Central del Raval, en Barcelona. Luego lo abrí y
constaté que Vane había anotado, en el ángulo superior
de la primera página, con bolígrafo azul: Bruselas, septiem-
bre-noviembre de 2023. Yo no daba crédito. Porque nunca antes había visto ese libro en casa, porque Vane nunca
me habló de él, como solía hacer, y porque era el mismo
que Antía me había enviado unas semanas después del
funeral. Obviamente, escribí de inmediato a mi amiga
gallega para preguntarle si ella había hablado con Vane
sobre Didion y me dijo que no. ¿Qué llevó entonces a
Vane a llevarse este libro para leerlo en Bruselas? ¿Se lo
recomendaría alguien? ¿Lo escogió ella por alguna razón?
¿Pensó que podía perder a alguien querido? ¿Intuyó que
el cáncer estaba a punto de tenderle una celada?

Apenas vi la respuesta de Antía, me lancé a hojear el
libro en busca de mi señal. Solo encontré una única marca: la mención que Didion hace a una película de Richard
Lester, titulada *Robin and Marian*, y a una frase que sale
en esa película: "Más que a solo un día más". Vane la había

reproducido con lápiz en la parte superior de la página 68 del libro. Exactamente lo mismo que había hecho yo en la página 62 de la traducción castellana.

En la película de Lester, filmada en Castilla y en Navarra, la frase aparece en el diálogo final entre una lady Marian ya mayor, encarnada por Audrey Hepburn, y un Robin Hood también entrado en años, protagonizado por Sean Connery.

Después de mucho tiempo separados por los avatares de la vida, Robin y Marian se reencuentran. Tienen más cicatrices y más arrugas que nunca. Han cambiado y el tiempo ha pasado implacable sobre ellos. Pero el amor sigue vivo. Intentando ser fiel a sus sentimientos por Marian y a sus ideales éticos y políticos, Robin se embarca en una última batalla contra el malvado *sheriff* de Nottingham. Lo vence, pero queda muy malherido. Robin piensa que en el futuro podrá librar nuevas batallas. Marian sabe que no será así. Prepara una poción letal, que si se elaborara hoy llevaría fentanilo y morfina, se la da a Robin, haciéndola pasar por medicina, y ella misma la bebe.

De repente, Robin siente las piernas dormidas. El dolor de las heridas desaparece. En ese momento entiende lo que Marian acaba de hacer. Ella lo mira, mientras se extingue, y le explica las razones de su gesto: "Te amo. Te amo más que a todo, más que a los niños, más que a los campos que planté con mis manos, más que a la plegaria de la mañana o que a la paz, más que a nuestros alimentos. Te amo más que a la luz del sol, más que a la carne, que a la alegría, más que a un solo día más".

Cada vez que regreso sobre esta escena, me repito que Vane creía que yo me iría de este mundo antes que ella. Y que cuando enfermó, sabía que yo querría seguirla. No me dejó. Quiso que me quedara con nuestros hijos y que aprovechara cada día de salud para seguir luchando por nuestros sueños y para llevarla conmigo. Yo sentí que aquella tarde de sábado procuró dejarlo claro. Lo hizo discretamente, que era su manera de hacer las cosas. Desde el fondo de una estantería, esperó a que yo regara nuestras plantas en la terraza y respondió a mis "*Naku-penda malaika*", a mis "Te quiero, ángel mío", con las palabras finales que lady Marian le había murmurado al viejo Robin: "También yo te querré siempre, más que a las plegarias de la mañana o que a la luz del sol, más que a un solo día más".

LOS NADIE

"Mi nombre es Nadie", decía Ulises, y Nadie me llaman mi madre, mi padre y mis compañeros todos. No hemos llegado hasta aquí para dejarnos intimidar por los cíclopes ni para permitir que proscriban nuestros sueños. Nos queda mucho amor que ofrecer. Nos queda mucho por construir.

El 24 de marzo, Día Nacional de la Memoria, la Verdad y la Justicia, los cíclopes han comenzado embistiendo. Antes de las movilizaciones contra el golpe de 1976, el Gobierno de ultraderecha ha hecho público un vídeo que cuestiona que los desaparecidos hayan sido treinta mil, que reconoce "excesos" por parte de los militares, pero sostiene que la violencia de Estado no puede ser "el único demonio" de esta historia, ya que las organizaciones guerrilleras "comenzaron antes".

El vídeo, lanzado a la alcantarilla de las redes, se reproduce miles y miles de veces, y hasta el presidente argentino lo mueve desde sus cuentas. Los argumentos no son nuevos. Los oigo constantemente en España de boca del neofranquismo vernáculo. Su punto principal es que las asociaciones de represaliados por la dictadura exageran las cifras de bebés robados, de personas asesinadas o en las cunetas. O peor, que esos crímenes aberrantes estarían justificados por la violencia previa de quienes hoy se presentan como víctimas.

En esta utilización torticera del relato del agresor primigenio, el neofascismo minimiza o hace desaparecer, como en un pase de magia, la violencia estructural y persistente del poder económico y de sus brazos políticos, culturales, militares y paramilitares.

115

Los encarcelamientos arbitrarios, las cabezas sumergidas en cubos de agua, la electricidad en las encías o en los genitales, los puñetazos en los tímpanos, las violaciones, las ejecuciones y los simulacros de ejecuciones. Todo ese repertorio de inhumanidad se niega o se presenta como la razonable respuesta a una reacción caprichosa de otro previamente deshumanizado.

Este olvido selectivo tiene un efecto perverso: demonizar a cualquiera que, por vías violentas o pacíficas, se niegue a rendirse ante el atropello de los poderosos, de los amos de turno. Porque no cabe llamarse a engaño. Cuando la negativa popular a agachar la cabeza se expresa con violencia, el poder no duda en criminalizar como terroristas a quienes se niegan a aceptar la opresión. Pero si la resistencia se expresa por vías pacíficas, como en Gandhi, como en Allende, como en tantas luchas feministas y pacifistas, quienes la protagonizan son igualmente reprimidos, igualmente derrocados, con una violencia descarnada, que tortura si hay que torturar y asesina a mansalva si hay que asesinar.

Y luego, si las víctimas de esos desmanes o sus descendientes denuncian que todavía hay miles de desaparecidos, o de enterrados en las cunetas, o de niños robados, les dicen que exageran. Y lo hacen los mismos que quemaron archivos, que los mantienen cerrados a cal y canto o que destruyeron las pruebas.

Quizás por eso, a pesar del vídeo y de los comunicados del Gobierno, las calles de Buenos Aires se llenan desde temprano con una multitud que siente que defender la memoria es defenderla ahora. Hay estudiantes, trabajadoras y trabajadores organizados, partidos, colectivos feministas, de derechos humanos, científicas y científicos, jubilados, gente de a pie que va por primera vez o que hace tiempo que no iba. Caminan, se abrazan, gritan contra la represión del pasado y del presente, condenan los ajustes sociales y el desguace de lo público.

Hace un día magnífico y la Plaza de Mayo está repleta. Sonríen las Madres y las Abuelas que desafiaron a los
cíclopes durante la dictadura y que se enfrentan, también ahora, a un Gobierno que banaliza los crímenes
perpetrados y que las provoca. Pero esta vez no marchan
solas.

Cuando Estela anuncia desde el escenario que en los
dos últimos meses se encontraron dos nietos apropiados
y que ya son 139 los restituidos, la plaza estalla en aplau-
sos. La sensación en ese momento es que con las piedras
que el Gobierno lanza contra ellas, las Madres y las Abuelas refuerzan los muros de su casa, como en el poema de
Anise Koltz.

Mientras todo esto ocurre en Buenos Aires, yo sigo las
imágenes desde un bar en San Miguel, la capital de Tucumán. Aquí la marcha está prevista para las cinco de la
tarde. Faltan varias horas todavía. Aprovecho que Nati
ha acompañado a Mario a Santa Lucía, para visitar a gente del pueblo que conoció a su padre y a sus compañeros,
para caminar por Barrio Sur.

"*Somni semblaria el temps que ha volat de la vida mia*",
podría decir, citando al poeta Joan Alcover. Sin embargo,
aquí estoy, caminando entre estos bancos, junto a estas
fuentes de las que todavía mana agua y que hoy me parecen especialmente bellas, flanqueadas de jacarandás,
de naranjos y de lapachos amarillos.

Me distraigo en la Plaza San Martín, que fue donde yo
preparaba de madrugada mis exámenes de Derecho. De
ahí me deslizo a la casa familiar de la calle Piedras, que
ya no lleva en su entrada el cartel del caburé y que se
parece poco al recuerdo que yo tenía de ella. Sí distingo,
en cambio, la casa de los Gaon, nuestros vecinos judío-
tucumanos que fueron de los pocos que, en pleno terror,
nos abrieron sus puertas y no nos dieron la espalda. Mientras pienso en ellos, releo sobre la acera, como hace años,

la inscripción que les mostré a Dani y a Lua: "No desaparece quien deja huellas".

Durante esas ensoñaciones peripatéticas en las que el Flaco y Aurorita se acicalan para ir a tomar algo a la confitería de Gath y Chaves con mis hermanas, paso también por delante de la casa de Eduardo Rosenzvaig, mi amigo historiador. Eduardo escribió uno de los pocos libros que se detienen en la figura de mi padre. Se llama *Parajón. Militancia, barro y fuego*, y está basado en una entrevista a un caudillo tucumano de origen popular y discípulo suyo. El libro está dedicado a Ángel Pisarello y construido a partir de grabaciones que hicimos en la casa de mi hermana Tatá.

Todavía hoy conservo un recuerdo vívido de aquella época. Yo tenía 24 años, acababa de terminar la carrera y, al poco tiempo, obtendría una beca para cursar mi doctorado en Madrid. Estaba contento. Veníamos de triunfar en algunas fiestas con los *hits* más resultones de Los Atormentados de Siempre, y llegamos a publicar dos números de una revista de crítica política y cultural a la que llamamos *La Grieta*.

Como Francisco René Santucho en Santiago, también nosotros quisimos aportar una mirada tucumana a los grandes problemas de América Latina y del mundo. Ganas no faltaron, aunque el resultado fue mucho más modesto y desigual. Aprovechando el sopor y la monotonía de las largas siestas tucumanas, Virginia Duffy, siempre tenaz, escribió artículos valientes sobre Frida Kahlo y sobre el aborto, y Andrés Garmendia uno muy bueno, también, sobre nuestro querido poeta Juan González.

En la casa de mi hermana Tatá entrevistamos al escritor cubano Roberto Fernández Retamar, que comió empanadas con nosotros y nos contó sobre su buena amistad con mi tío *Tico* Pisarello. Hasta Silvio Rodríguez nos envió desde La Habana una carta elogiando *La Grieta* y señalando, con tacto y cariño de maestro, cosas en las que podíamos mejorar.

Como en Tucumán todo es posible, antes de dirigirme a la marcha me cruzo con Laurita Casas, que fue mi primer amor en la Facultad y que hoy es jueza y da clases, como yo, de Derecho Constitucional. Cada vez que nos vemos nos reímos mucho y recordamos nuestra relación, hermosa y llena también de momentos tormentosos. Yo le digo que eso se explica por las diferentes capas de violencia que nos marcan desde la conquista española, y que en Tucumán hasta las relaciones de pareja pasan por tres fases: prepistolas, pistolas y pospistolas. Ella suelta una carcajada que para mí sigue siendo la misma de sus 19 años y me contagia su alegría para afrontar la marcha de la tarde.

El resto del tiempo deambulo por la ciudad y confundo el nombre de alguna calle. No sé, como Ulises, si quiero que me reconozcan o que me tomen por un forastero de una provincia cercana. Atravieso el centro, rodeo la Plaza Urquiza, y poco a poco me acerco a la antigua Jefatura de Policía para sumarme a la manifestación.

Durante la dictadura, estas dependencias policiales fueron la sede de un centro clandestino de detención. En 2013, 37 militares y policías fueron condenados por delitos de lesa humanidad cometidos en ese centro y en el Arsenal Miguel de Azcuénaga.

A medida que me aproximo al punto de convocatoria, el día se va cerrando en torno a un grueso manto de nubes espesas. A diferencia de lo que pasó en Buenos Aires y en otros puntos del país, todo indica que la marcha tucumana transcurrirá en semioscuridad, como si alguien hubiera decidido bajar con un regulador el tono de la luz.

Antes de que pueda pensar en ello, comienza a llover. Primero despacio, con gotas finas y dispersas. Luego más intensamente, lo que obliga a los asistentes a sacar paraguas o a improvisar impermeables con bolsas de plástico.

Cuando llego a la cabecera, solo, no reconozco a nadie. Quizás porque la lluvia me empaña el cristal de los anteojos o porque llevo mucho tiempo fuera de Tucumán, o porque ya no están mi madre ni mi hermana Tatá, que siempre marchaban las primeras, elegantes y con la cabeza erguida.

"¡Sonría y muestre los dientes, Gerardito!", me digo, mientras intento caminar recto y no como si fuera una tortuga con un pesadísimo caparazón sobre los hombros. Cuando lo hago, veo una pancarta que dice: "A 49 años del golpe. Contra el fascismo de ayer y hoy".

Bajo un impermeable negro o gris, detecto algunas caras que me resultan familiares y que al verme se acercan a abrazarme. Entre ellos están dos trabajadores de los talleres de Tafí Viejo, que estuvieron en la charla de la biblioteca, y que ahora despliegan una pancarta con las fotos de sus compañeros desaparecidos mientras dicen: "Diego Fernández, ¡presente!"; "Argentino Roldán, ¡presente!"; "Carlos Espinosa, ¡presente!".

Yo me emociono al verlos y sigo abrazando a gente, y vuelvo a decirme, pensando en mi madre, "¡Sonría y muestre los dientes, Gerardito!", pero la mandíbula se me traba y siento que también a mí me empiezan a brillar los ojos.

No veo a nadie de mi familia ni a mis amigos. Pero marcho igual, porque de pronto comienzan a llegar cientos de personas que no sé de dónde salen, ni quiénes son. Muchas tienen el cabello negro y duro del Tucumán profundo, y rostros aindiados en los que todavía habitan los lules, los diaguitas, los calchaquíes.

Yo me confundo y me abrazo con esta marea humilde de impermeables negros y de cabelleras negras con carteles que dicen: "¡Son 30.000, carajo!". Y esos impermeables, esas cabelleras, comienzan a saltar y a cantar contra el Gobierno y sus políticas de despojo y represión.

Este río de gente que comienza a crecer bajo la lluvia de Tucumán no es exactamente igual a los de Buenos Aires o Barcelona. Arrastra una historia singular de heridas, de rabia, y una fuerza de siglos. Me sumerjo en él como si fuera el río Dulce, y me dejo arrastrar, como las piedras errantes de Dylan, como las ramas desgajadas de los naranjos y los lapachos, y me sumo a los abrazos anónimos y a los conocidos, y grito, con la boca llena de peces y de algas: "Ángel Pisarello, ¡presente!", "Aída Villegas, ¡presente!", y también "Vanesa Valiño, ¡presente!", simplemente porque la quiero cerca, con mis muertos y mis desaparecidos.

Cuando siento que me querría hundir en el fondo de ese río tempestuoso para descansar en su lecho, Nati y Mario, que acaban de llegar de Santa Lucía, me sacan del brazo como quien rescata a un ahogado y giramos flotando con la riada hacia la Plaza Independencia.

No sé si son los remolinos de agua o mis anteojos, pero veo muy poco bajo la lluvia, cada vez más intensa. Con el corazón empañado, siento que el aguacero crece, y que crecen con él flores y árboles que trepan por la fachada de los edificios, que se abren paso agrietando el asfalto, mientras la gente canta y se abraza y grita consignas contra el miedo.

Entonces miro a Mario y le digo: "Ulises, esto acaba con truenos, relámpagos y más que probable naufragio". Él se ríe justo en el momento en que una muchacha le pasa un mate y le dice, recordando a su madre, "Liliana Delfino, ¡presente!". La muchacha no llega a verlo, pero a Mario también se le iluminan los ojos y abraza a Nati, mientras a la altura de la plaza, sobre la Casa de Gobierno, aparece entre las nubes cenicientas un trozo de cielo estrellado.

Y ahora, de pronto, sin que se sepa bien por qué, el chaparrón remite abruptamente y las aguas vuelven a su

cauce y las gotas se deshacen como lágrimas en los men-
guantes charcos de la calle. Y cuando eso ocurre, se repite lo que ya nos pasó en Puesto Nuevo, en Córdoba: los
nubarrones se desvanecen y, en un instante explosivo,
las últimas luces de este lunes 24 de marzo se funden en
azules y verdes, en óxidos y en rojos.

En ese momento se cierran los paraguas, la multitud
se quita los impermeables y lo que crece no son ya truenos ni relámpagos. Es el ritmo de los tambores, y son las
trompetas, las tubas, los violines, y son las columnas y
columnas de muchachas de secundaria, que también gritan: "¡Son 30.000!" y "¡Ni una menos!", mientras bailan y
agitan banderas verdes y lanzan al aire patadas voladoras.

En ese tramo, la marcha es ya otra. Tanto, que junto a
las estudiantes, aparece, ladrando y moviendo la cola, la
Negrita, la perra de Nati y Mario, que de alguna inexpli-
cable manera ha aparecido entre nosotros. Pero no es
solo la Negrita. Junto a ella, se incorporan al cortejo las
perras de María José Pizarro, que se llaman todas Libertad. Y de pronto es la propia María José la que de un modo
incomprensible ha llegado de Bogotá a Tucumán para
sumarse a nuestra marcha. Y no está sola. Irrumpe, entre
la multitud que baila y que salta, del brazo de un hombre
alto y guapo, con sombrero de paja y botas pantaneras,
en el que yo reconozco a su padre, Carlos Pizarro.

Mario me mira y vuelve a sonreír con los ojos, que de
pronto adoptan el intenso verde del monte tucumano.
Y cuando María José, rodeada de estudiantes que agitan
sus banderas argentinas, y rojas, y arcoíris, nos presenta
a Carlos, sin balas en el cuerpo, y él dice: "¡Que tiemblen
quienes agredan a la juventud más bella de América!",
todo comienza a estar claro.

La alegría y la emoción me desbordan. Porque claramente entiendo lo que está pasando y porque sé que es
real. Porque puedo tocar a María José y a Carlos Pizarro

y porque ahora, también, puedo abrazar a Juan y a Olga, que vienen de la mano junto a un jovencísimo Diego Fernando Botto, que al abrazarse a Juan parece el hijo de su hijo.

Yo contemplo cómo crece el gentío y me digo que si la antropofagia ha pasado, pasará el capital, pasará el vértigo esclavizador de los relojes y habrá más sitio para la amabilidad. Lo pienso y lo siento, porque puedo abrazar a Juan y a su padre reaparecido, y a su madre, Cristina, y porque cada vez somos más entrando a la Plaza Independencia, abarrotada de gente.

Y en medio de esta plaza nueva, donde caben todas las plazas, y donde el cielo es más verde y más turquesa, veo llegar a mis hermanas Reini y Ani y, detrás de ellas, como no podía ser de otro modo, a mi hermana Tatá, que baila como la que más, y que marcha feliz con su hijo y con su hija, que salta junto a sus amigas, radiante y libre de hepatitis.

Espero que la noticia de lo que está pasando en Tucumán llegue rápido a Buenos Aires y a Barcelona. Porque es increíble y porque nadie lo anticipó, y porque estos tambores, esta murga irreverente, no se veían aquí desde hacía muchísimo tiempo.

Entonces lo que yo pensaba que no podía ocurrir, sucede: porque al centro de esta celebración de la vida llegan también, elegantísimos, el *Flaco* Pisarello y Aurorita Prados. Vienen de punta en blanco, bailando pegados boleros de Nat King Cole y, con ellos, deslumbrantes, aparecen Robi Santucho y Liliana Delfino, que se abrazan a la gente escoltados por un enjambre de cocuyos y luciérnagas que bajan desde Santa Lucía.

Estos bailes me recuerdan tanto a mi boda con Vane, que cuando la veo llegar con un ramo de margaritas lilas y amarillas, casi sin tocar el suelo, como en un cuadro de Chagall, dejo mis pancartas en un banco y corro a levantarla en brazos, y le digo que la echaba de menos y la hago girar conmigo, mientras la plaza aplaude a nuestro alrededor.

Estoy tan conmovido que no sé qué más esperar, pero cuando lo imprevisible parece agotado, vuelven a aparecer los jóvenes. Son miles y miles, la mayoría llegados de los barrios populares de la ciudad. Y están todos mis sobrinos, y está Joaquín, el hijo de Nati y Mario, con su camiseta de Rosario Central y con su perro Sandokán, y también mi Lua y mi Dani, y todos lanzan patadas voladoras al aire y rapean y gritan juntos: "¡Nuestro nombre es Nadie!".

Yo los miro con un cariño inmenso, con el mismo amor incandescente con el que abrazo a nuestros muertos. Miro a nuestros jóvenes saltar y gritar que son Nadie y entiendo de inmediato que es su manera de resistir, de protegerse, de desafiar a los cíclopes y a sus sicarios. A esos cíclopes y a esos sicarios que, al menos hoy, bajo este cielo abierto bañado de estrellas, no podrán con sus sueños, con nuestros sueños, y se retirarán, cobardes, al fondo de sus cavernas.

Bajo este cielo abierto. Viajes, amor y revolución,
de Gerardo Pisarello,
se terminó de imprimir y encuadernar en febrero de 2026
en los talleres de Leitzaran Grafikak,
Gudarien Etorbidea, 29; 20140 Andoain (Gipuzkoa).
En su composición, elaborada en el Departamento de Integración
Digital del FCE por Jacqueline Requena González, se utilizaron
tipos Aria Text G2. La edición estuvo al cuidado
de Marta Comesaña Pérez.
La tirada fue de 800 ejemplares.